レシピ未満のおいしい食べ方

藤井恵

ダイヤモンド社

はじめに

料理研究家として活動を始めてから、もう25年以上になります。

そのなかでたくさんのレシピを提案してきましたが、

「本当にすべてを伝えてこられたか」ということについては、
振り返ると疑問を感じます。

というのは、レシピはなるべく短いほうがいいというのがレシピ本の常識だから。

「読者のみなさんは毎日忙しいなかでごはんを作っているのだから、長くて難しそうなレシピを紹介しても喜ばれません」

といわれると、それはもっともだと思います。

でも、短くするとどうしても、小さいけれど大切なあれこれが省略されてしまうのです。


例えば、ドレッシングの混ぜ方。 レシピではよく「塩・こしょう、酢、オイルを混ぜる」と書かれますが、本当はオイルだけを後から混ぜるほうが乳化しやすくておいしいというのは、料理のプロならみんな知っていることです。

野菜の下ゆでも、たっぷりの湯ではなく、野菜の頭が少し見えるくらいで十分。ゆで時間にしても、私が実際にゆでているところをお見せしたら、驚かれるほど短いと思います。

また、冷奴はつるんとした面を上にして盛っている料理写真がほとんどですが、実は切った断面を上にして、しょうゆをかけたり薬味を盛ったりしたほうがおいしい。そのことに気づいてから、私はいつも断面を上にして盛っています。

こんな風に、料理に携わる人なら必ずやっていること。

また、私自身が日々ごはんを作るなかで「こうしたほうがおいしい」「こうしたほうがラクで早い」と思っているポイントが、レシピというフォーマットの外にはたくさんあります。

どれも、やるとやらないとでは大きく変わることばかり。

実は料理研究家としていちばんお伝えしたい、そんな「レシピ未満」の料理メモのようなお話を、一冊にまとめたのがこの本です。

もし私がキッチンで隣に立っていたら「こうするといいのよ」と伝えたいコツ。あるいは、スーパーで出会ったら「私はこれ、いつもこうして食べるの」なんておしゃべりしたいこと。それらを、あらためて一つひとつ拾い上げてみました。

さらに、レシピというには簡単すぎて紹介する機会がなかった料理。忙しさのあまり思いついた、手抜きでおいしくなる調理法（きっとびっくりします！）。また、この際なので恥ずかしながら、料理ともいえないけれど大好きな「食べ方」まで、一緒に紹介しています。

レシピ未満の小さなことでも、そこにある私の考えは、レシピを提案するときと変わりません。「誰でもちゃんとおいしく作れるようにしたい」とつねに考え続けてきた私の、いわば料理づくりのエッセンスのようなものです。

「へえー、そうすればよかったんだ！」

「今度買ったらそうやって食べてみよう」

という感じで、気軽に試していただけたらうれしく思います。

そして、毎日の料理が「もっとおいしい！」に変わりますように。

藤井恵

目次

第三章 卵と大豆製品

第四章 めんとごはん

おまけ

お菓子や飲みもの

この本の使い方

- 野菜を洗うなどの基本的な手順は省いているものもあります。必要に応じて行ってください。
- 材料に記した分量は、小さじ１＝５㎖、大さじ1＝15㎖、1カップ＝200㎖です。
- 塩はミネラルが含まれる自然塩を、酒は料理酒ではなく、日本酒を使用しています。
- 電子レンジやオーブンは機種によって多少違いがありますので、様子を見ながら加熱時間を調整してください。

第一章

野菜

1

生野菜は**氷塩水につける**だけでおいしくなる

レシピ未満といえば、まずお伝えしたいのがこれ。冷蔵庫から出した生野菜は、塩入りの氷水につけて10分ほど冷やします。すると、冷蔵庫の中でちょっと元気がなくなっていた野菜たちが、みずみずしく、シャキッとするのです。

大切なのは、塩の分量。氷水に対して4％がちょうどよく、氷水500gなら塩20gになります。塩には、氷水の温度を下げるほか、野菜の味を凝縮させる効果もあります。これは、野菜に含まれる塩分と、氷塩水の塩分の差による浸透圧の働きで、野菜の水分が外に出るため。引き換えに塩分が入ってほどよい塩味もつき、きゅうりは即席の浅漬け風に！　ピーマンなど皮がかたい野菜は、半分に切ってつけるのがコツです。

夏のバーベキューなどには、これだけでごちそうになりますよ。

2

野菜の**塩ゆで**は少なめの湯で

野菜は下ごしらえとしてよく塩ゆでしますが、おいしくゆでるコツは、少ない湯で蒸すようにゆでること。たっぷりの湯より風味や栄養が逃げにくく、おいしさがギュッと凝縮されます。

湯の量は、野菜の頭が少し見えるくらいが目安。塩の量は、蕾があるブロッコリーのようにゆで汁が入りやすい野菜なら2%（水400gで塩8g）、アスパラやいんげんのように表面がつるっとした野菜なら3%（水400gで塩12g）が適量です。ブロッコリーなら茎から入れ、再び沸騰したら蕾も加えます。ふたをして時々上下を返しながら、1分~1分30秒ゆでたらざるにとって。水にはさらさず、そのまま粗熱をとりましょう。

塩ゆでは下ごしらえとはいえ、実はそのゆでたてをつまみ食いするのがいちばんおいしい！　野菜の甘みや旨みをそのまま味わえて、とても贅沢な食べ方だと思います。

ブロッコリーの蕾の中は土や虫が入りやすいところなので、調理前に必ず水にさらす。買ってからすぐに使わないときは、まるごと蕾を下にして水にさらしてから保存するといい。

時々返しながら

ブロッコリーは
水400ccに対して
塩は8gです

かたい茎からゆで、
再び沸騰したら蕾
を加える

3

サラダは**ボウルに**
ドレッシングを**なすりつける**

ドレッシングをかけて、あえるだけのサラダ。簡単なはずなのに、野菜がベチャッとする、いくらドレッシングをかけても味がなじまないといった声をよく聞きます。これを解決するコツは、ドレッシングの順番。最後に上からかけるのではなく、あらかじめボウルの内側になすりつけておきます。そこへ、野菜を入れるのです。

基本のドレッシングの分量は、酢とオイル1：1、塩・こしょう少々（親指と人さし指でつまんだ量）。ベビーリーフ1パックなら、酢とオイルは小さじ1／2ずつで十分です。ボウルに酢と塩・こしょうを手で混ぜ、次にオイルを加え、内側になすりつけるようによく混ぜます。そこに野菜を加え、空気を含ませるようにふんわりとドレッシングをまとわせましょう。すると、少量でもまんべんなく味がなじみます。市販のドレッシングを使うときも同様です。

手でボウルになすりつけるようによく混ぜます

野菜を投入！

葉をつかんでは落とすように
ドレッシングをふんわりまとわせて

ドレッシングは混ぜる順番がとても大切です。レシピ本にはたいてい「酢、塩・こしょう、油を混ぜる」と1行で書かれるのでいっぺんに混ぜてしまいがちですが、まず酢と塩・こしょうを混ぜ、そこにオイルを加えるようにします。先に調味料同士を混ぜてからオイルを加えることで、スムーズに乳化してなめらかに仕上がりますよ。オイルは最後、と覚えてください。

ドレッシングに使う酢とオイルの組み合わせを変えれば、さまざまなバリエーションを簡単に作れます。例えば酢なら、米酢、りんご酢、白ワインビネガー、バルサミコ酢など。オイルも、ベーシックなオリーブオイルのほかにごま油、エゴマ油などにかえて、風味の違いを楽しんでみましょう。

TOPIC

サラダを格上げする・・・トッピング

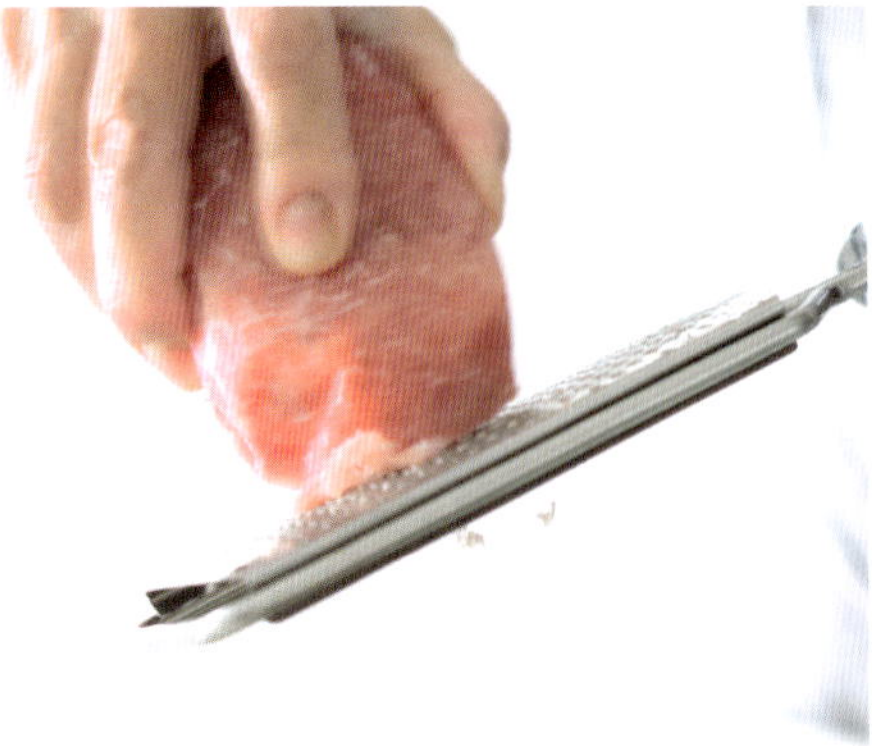

サラダのトッピングで加えたいのは旨み、そして香りです。私がよく使うのは、冷凍の生ハム。スライスではなく、リーズナブルな価格で売られている切り落としの塊で、削ればまるで高級なチーズのよう！　使ったらまた冷凍しておけば、長い間使えます。

もうひとつおすすめしたいのが、チキンラーメンです。袋の上から砕いてせん切りキャベツとあえれば、たちまち無限キャベツに！　ドレッシングは、キャベツ4枚分のせん切りに対し、酢大さじ2、ごま油大さじ1／2、白いりごま適量。14ページのように、最初にドレッシングだけを混ぜてボウルになすりつけておきましょう。パリパリのできたても、しっとりなじんでからもおいしいですよ。

砕いた
チキンラーメンをかける

仕上げに小ねぎをちらしても

4 きゅうりはたたかず、**縦に割る**

たたききゅうりは味がよくなじみますが、種がつぶれて流れ出てしまい、水っぽくなるのが難点です。

そこで私が代わりにやっているのは、きゅうりを縦に割る方法。包丁を縦に入れ、手前に倒すと、すっと適度な大きさに割れてくれます。この方法なら種がつぶれないので、時間が経っても水っぽくなりません。シンプルなあえもので試していただくと、おいしさの違いがよくわかります。

私があえものを作るときの味つけは、ごま油・白いりごま各小さじ1、塩・しょうゆ各小さじ1／3、練り辛子小さじ1／2ほどを混ぜるのが定番。ここに、縦に割ったきゅうり2本を加えてさっとあえれば、箸休めにも、お酒のあてにもぴったりの一品ができあがります。ちなみにきゅうりを選ぶときは、細く小さめのほうが、味がよくおすすめですよ。

包丁を縦に入れ、
手前に倒して割ります

たたききゅうりより
おいしい

5

なすは**丸ごとしょうゆを入れてもむ**

旬のみずみずしいなすは、生でもおいしく食べられます。ちょっと驚かれそうですが、私がよくやるのは、丸ごとのなすに直接しょうゆを入れてもむ方法。なすは皮がかたくて味が入りにくいのですが、こうすると少量のしょうゆでもしっかりなじみます。さらに、なすから出たおいしい水分としょうゆがなすの中で適度に溶け合い、いい塩梅の浅漬けになるのです！

なすのヘタとガクを外したら、上から菜箸をぐっと差し込んで穴をあけます（突き抜けないように気をつけて）。切り落とした表面よりやや少なめにしょうゆを注いだら、あふれないように、やさしくもみもみ、もみもみ。10回ほどもんでなじませましょう。食べやすい大きさに手でちぎり、練り辛子を添えてどうぞ。

ごく上の部分だけ切り落とせばOK。ガクを包丁でぐるりとむいたら、菜箸を刺して穴をあける。

しょうゆをこのあたりまで注いで
もみもみ♪

6

コーンクリーム缶で**即席冷製スープ**

コーンの粒をすりつぶし、ペースト状にしたコーンクリーム缶。生の野菜ではありませんが、旬の野菜の魅力がギュッと詰まっています。普通は加熱して使いますが、そのまま冷たい牛乳と混ぜれば、おいしい冷製コーンスープに！

牛乳の分量は、コーンクリームと同量。コーンクリームを空けたその缶で量ると簡単です。牛乳を入れたら、スプーンやへらを使ってよくかき混ぜれば、缶に残ったクリームもムダなく使えて一石二鳥。塩・こしょう少々を混ぜて器に注ぎ、仕上げにドライパセリを飾れば、ただ混ぜただけとは思えないほどよそゆき感ある一品のできあがり。ひんやりなめらかな喉越しで、特に火を使いたくない夏にはもってこいです。

Hagoromo
食塩 砂糖 不使用

牛乳は缶１缶分
KINOKUNIYA
Hagoromo
食塩 砂糖 不使用

缶に残ったコーン
クリームと混ぜて
Hagoromo
食塩 砂糖 不使用

7

ピーマンには**味噌が合う**

ピーマンには、味噌がよく合います。独特の苦みと青い香りを、味噌の濃い風味が引き立ててくれるのです。生のピーマンに味噌をつけてかじってもおいしいのですが、もっとおいしいのは、宮崎県の野菜農家さんから教えていただいた「味噌を塗って焼く」という食べ方です。

ピーマンはヘタと種を取り、内側に手で味噌を薄く塗ります。外側はつるんとすべってなじまないので、内側に塗るのがコツ。味噌の量は、ピーマン4個に対して小さじ1ほどが目安です。これを焼き網にのせ、直火で丸ごとこんがり焼き上げます。少し焦げ目がつくくらいのほうが、香ばしくておすすめ。網がない場合は、トースターや魚焼きグリルを使ってもかまいません。

焼き上がったピーマンは甘く、内側の味噌もピーマンの水分と溶け合って、まるでジューシーなソースのようになりますよ。

味噌は内側に指で薄く塗ります

8

きのこは**塩ゆで**すると**香り**と**食感が上がる**

きのことというと、焼く・ソテーするという食べ方が主流ですが、私は断然「塩ゆで」をおすすめします！　少なめの湯でさっとゆでることで雑味が抜け、プリッとした食感はしっかり残り、味も香りもぐっとよくなるから。さらに、数種類のきのこをミックスしてゆでると、味わいが複雑になってよりおいしくなります。

塩ゆでに使う塩水は、水３００㎖に対して塩小さじ２（約３％）。きのこは一度に全部入れず、少量ずつゆでます。沸いた湯に入れて再び沸騰したら、10秒でさっとざるにとって！　10秒というとみなさん驚かれるのですが、長くゆでると風味も食感も落ちてしまうので、さっと引き上げて余熱で火を通すくらいがちょうどいいのです。

ゆで上がったきのこは、そのままでも、お好みで塩や粒マスタードをかけても。次のページのように料理にも使えるので、買ってきたらまとめて塩ゆでしておくと便利ですよ。

湿気がこもった状態だと本来のおいしさが出てこないので、ゆでる前にパックをあけ、空気にさらしておく。

少なめの湯で、何回かに分けて少しずつゆでます

スープにする

仕上げに小ねぎの小口切りをあしらって

塩ゆできのこのスープ

きのこの風味をシンプルに味わうなら、スープに。煮立っただし汁（鶏、昆布、かつおなど）に塩ゆできのこを入れ、再び煮立てばできあがり。ゆですぎるときのこの香りも食感も損なわれるので、さっとでOKです。

ごま油とおろしにんにくのナムル

ナムルにすれば、きのこそれぞれの食感を楽しめます。ごま油大さじ1、おろしにんにく小さじ1／3を、P14のサラダと同じ要領で、ボウルになすりつけるようにしてすり混ぜます。そこに塩ゆできのこ200gを加え、手でしっかり味をなじませましょう。

ナムルにする

ごま油大さじ1とおろしにんにく小さじ1/3を
手でしっかりすり混ぜてからきのこを加える

9

中華みたいなほうれん草炒めになる 塩と油ゆで

シンプルながら難しいのが、青菜の炒めもの。なかでもほうれん草は、アク抜きのために下ゆでして水にさらしてから炒めるので、どうしても水っぽくなってしまいがちです。それなら思いきって炒めるのをやめ、塩と油を入れた湯でゆでてしまいましょう！少ない湯で蒸すようにゆでれば、アクが抜けるうえほどよい歯ごたえも残り、中華の炒めもの風に仕上がりますよ。

ほうれん草300gは、5〜6㎝長さのザク切りにします。フライパンに水1と1／2カップ、塩と油各小さじ1を加えて煮立たせ、ほうれん草を茎から入れます。再び沸騰したら30秒〜1分でざるにとり、菜箸やへらなどでギュッと押さえましょう。水けをしっかり切ることが、炒めもの風に仕上げるコツです。最後にオイスターソースをかければ、より本格的な味わいになります。

湯に塩と油を入れ、煮立ったら投入

ゆで汁はしっかり押してきって

TOPIC

オイスターソースは欠かせない調味料

歳と経験を重ねるにつれ、普段使いの調味料はどんどんシンプルに。そのなかに残ったオイスターソースは、基本調味料ではありませんが、私にとっては欠かせないものです。

オイスターソースは和名を「牡蠣油」といい、本来は塩漬けにした牡蠣を発酵させて作るもの。旨み・甘み・塩味のバランスがよく、さまざまな料理の味に幅と奥行きを出してくれます。

私がよく使うのは、前ページの青菜炒めのほかに、チャーハンやチャーシューなど。おろしにんにくを合わせれば、サラダのドレッシングにもなります。さらに、梅干しで酸味と塩味を加えて、和風の炒めものやあえものに使うことも。1本あれば、まさに万能といえる活躍をしてくれます。

10

辛みのある野菜は**酢につける**と **辛みがやわらぎ**、香りが立つ

オニオンスライスを作ると、かなり辛みが出てしまうこともあります。この辛みをとるために普通は水にさらしますが、辛みと一緒に栄養も流れ出てしまったり、水きりする手間がかかったりするのが難点。そこで私がいつもやっているのは、酢をかけるという方法です。

玉ねぎは縦半分に切り、繊維に沿って薄切りに。こうすると、食感のよさを残せます。そのまま小皿に盛ったら、上から酢をかけましょう。酢のおかげでツンとした辛みの角がとれ、まろやかな味になります。かけた酢は下へ流れ落ちるので、酸っぱいのが苦手な方も大丈夫。仕上げに削り節をのせると、さらに香りのいい一品になりますよ。

時間があれば、酢をかける前に15分ほど空気にさらしておくと、より辛みが抜けて食べやすくなります。

15分くらい空気にさらしておくとさらに効果的。

仕上げに
削り節をのせて

おろしにんにく酢＋しょうゆの万能だれ

玉ねぎと同じく辛みや匂いの強いにんにくにも、酢はピッタリ。辛みはまろやかになり、刺激臭も食欲をそそるいい香りになります。この効果を生かした、簡単な万能だれがこちら。

まず、おろしにんにく小さじ1と酢大さじ4を混ぜます。そこへ、しょうゆ大さじ4を混ぜればできあがり。先におろしにんにくと酢を混ぜることが、まろやかにするポイントです。

万能だれは、蒸した肉や魚、野菜のあえものの味つけなど、なんでも使えます。ポン酢のかわりにしゃぶしゃぶのたれにすると、豚肉の甘みや野菜の風味がより引き立ちますよ。

TOPIC

玉ねぎ＋酢で、体にいい保存食のすすめ

我が家の冷蔵庫に常備している「玉ねぎ酢じゃこ」は、健康効果が抜群の保存食。玉ねぎと酢には、善玉コレステロールを増やして悪玉コレステロールを下げ、血液をサラサラにしてくれる効果が。さらに、じゃこはカルシウム補給になり、酢がその吸収を促してくれるなど、まるでサプリメントのよう！　そのまま食べたり、サラダやカルパッチョに加えたりしていると、あっという間になくなります。

材料は玉ねぎ1個、ちりめんじゃこ30g、酢は適量（100㎖ほどが目安）。玉ねぎを縦半分に切ったら縦薄切りにし、熱湯消毒した保存ビンにじゃこと一緒に入れ、酢をひたひたに注いでひと晩置きます。酢はできれば米酢で、香りのいいものがおすすめです。

11

トマトと玉ねぎは**最強のフレッシュソース**になる

トマトソースといえばトマトの水煮缶を使うのが主流ですが、生のトマトも実はおすすめ。刻んだ玉ねぎと合わせると、みずみずしくフレッシュなおいしさを楽しめます。

材料はトマト2個、玉ねぎ1個、塩・こしょう各小さじ1／2ほど。トマトと玉ねぎをみじん切りにして、塩・こしょうを混ぜればもうできあがりです。ざくざく刻んだ生野菜そのままの、まるでサラダのような「食べるソース」はどんな食材にもよく合います。風味の強い牛肉にかければさっぱりと食べられるし、鶏肉や白身魚、パスタとも好相性。また、副菜のように生野菜を手軽にとれるというのもうれしいポイントです。

冷凍もできるので、まとめて作り置きしておくと忙しいときの味方に。ちなみに、冷凍すると野菜の細胞が壊れるので、食感がなめらかに変わり、よりソースらしくなりますよ。

12 ネバネバ野菜は**水につける**

オクラ、モロヘイヤ、長いもなどのネバネバ野菜は、普段から意識して食べています。なぜなら、これらのネバネバは水溶性食物繊維だから。水溶性食物繊維は、便をやわらかくしたり、善玉菌のエサになったりと、腸活には欠かせない成分。血中のコレステロールを下げてくれる効果もあるので、大人には特に大切です。

私のおすすめは、切って水につける食べ方。水溶性というだけに、水につけると繊維が溶け出し、さらにネバネバになるのです。

野菜と水の量は、1：1。例えばオクラなら、15本（200g）をさっとゆでて細かく刻み、水200gに塩少々を加えて、3時間ほどつけます。そのまま冷蔵庫で3日くらい保存もできるので、まとめて作り置きしても便利です。ネバネバ、ふわふわを熱々のごはんにのせてしょうゆを垂らせば、思わず笑みがこぼれるおいしさ。水をだし汁にかえるのもおすすめですよ。

ネバネバで
ふわふわ

13

しょうがは**すりおろして発酵しょうが**に

市販のしょうがチューブの代わりに、私がいつも使っているのは自家製の「発酵しょうが」です。すりおろしたしょうがを乳酸発酵させたもので、しょうが本来の爽やかな香りの中に、ほんのりと甘さも感じるのが特徴。薬味や調味料として使えるのはもちろん、肉や魚をやわらかくして臭みを消してくれる効果もあります。

用意するものは、しょうが、熱湯消毒した小ぶりの保存ビン、ラップだけ。しょうがを皮ごとすりおろしたら、ビンの上までぴったり入れます。そこへ、空気が入らないようにラップをかぶせてからふたをし、冷蔵庫で2週間ほど寝かせましょう。甘い香りに変わっていたら、発酵完了のサインです。清潔なスプーンなどで取り出し、冷蔵保存で1カ月を目安に使いきってください。

おすすめの使い方は、次のページでご紹介するミルフィーユ鍋。発酵しょうがと酒だけで、驚くほどおいしく仕上がりますよ。

＼ 香りがよくなります ／

ミルフィーユ鍋に！
全体の厚みが揃うように、葉先側と軸側を交互に重ねる

発酵しょうがでミルフィーユ鍋

人気のミルフィーユ鍋を発酵しょうがで作ります。発酵しょうがは、塗りやすいように酒でのばしておきましょう。

白菜の葉に豚ロースの薄切り肉を重ね、肉に発酵しょうがを塗ります。白菜は、葉先側と軸側を互い違いに重ね、全体の厚みを揃えるのがポイント。ある程度重なったら、鍋の高さと同じ幅にざくっと切ります。鍋の中に立ててギュウギュウに詰めたら、水を大さじ3ほど加えて。少ないようですが、白菜から水分が出るのでこれで十分。ふたをして強火で加熱し、ふつふつとしてきたら弱火で15分ほど煮れば食べごろに。つけだれには、P40の万能だれがおすすめです。

立ててギュウギュウに詰める
のがポイント。下からの蒸気
で熱の通りが早い。

14

枝豆は**塩ゆでづけ**がおいしい

枝豆はいつも、塩で蒸しゆでにして塩水につける「塩ゆでづけ」にしています。蒸しゆでにすると短時間でゆで上がり、香りも食感もしっかり残ります。さらに塩水につけると、程よい塩分が入っていい味に。冷蔵で7日くらいはおいしく食べられます。

まず、3カップの水に18gの塩（濃度3％）を煮溶かし、保存容器で冷ましておきます。枝豆500gを鍋に入れたら、豆の高さの半分程度の水を加えて塩をふります。塩の量は、親指・人さし指・中指ではさんで3ふり程度が目安です。ふたをして強火にかけ、煮立って5分したら上下を返し、ざるに上げます。粗熱はとらず、用意しておいた塩水にそのままつけましょう。枝豆が空気にふれると傷んでしまうので、塩水にしっかり隠れるようにつけるのがポイント。つかりにくいときは、容器のかわりに保存袋やポリ袋を使ってもよいでしょう。

塩をふって水からゆでます

塩水につけた枝豆は、ふっくらとした食感でほどよく塩味がついています。温かい状態で食べたい方は、食べたい分だけ電子レンジで温め直しても。または、オリーブオイルでさやごと炒めると、香ばしくなっておすすめです。炒める前にはさやの水けをよくきり、さらにペーパータオルでしっかり拭いておきましょう。

＼ ほどよく塩味がつく ／

完全につかった状態で、冷蔵庫で約７日保存可。

15

大根は**梅流し**にすると**無敵のリセット食**に

梅流しとは、大根と梅を煮たものを煮汁ごと食べる食事法のこと。胃腸の働きを促すといわれていますが、確かに梅干しを使った料理の撮影後はいつもより快腸で、パワーを実感したことがあります。そんなわけで、もたれ感が気になるときや、つい飲みすぎてしまった翌朝には、この一品が頼りです。

10×5㎝ほどのだし昆布1枚を、水3カップと鍋に入れて1時間ほど置いておきます。その間に大根1／2本を、皮ごと2㎝厚さのいちょう切りに。大根は皮目に栄養が豊富なので、むかずに使うのがポイントです。昆布の鍋に大根を入れて強火にかけ、煮立ったら弱火でコトコト60分。梅干し2個を加えて、さらに1分煮ればできあがりです。器には食べやすく切った昆布も盛り、まず汁を飲んでから大根を食べ、また汁を飲んで梅干しをひと口、とゆっくり味わううちに、体も気分もスッキリしてきます。

胃が重い朝に！

16

冷凍するとおいしくなるとびきり野菜がある

「野菜を冷凍すると味が落ちる」と思っていませんか？　確かに、冷凍すると細胞が壊れるので、食感が変わったり水っぽくなったりはしますが、そのおかげでむしろおいしくなる野菜もあります。

そのひとつが、にんじん。せん切りにして冷凍すると、塩もみしたようにしんなりして、ぐっと食べやすくなるのです。調味料とあえればすぐにおいしいラペになるし、肉巻きにしてもほどよい食感で、肉の旨みもたっぷり吸い込んでくれます。しかも、解凍せずに使えるので時短効果もあり。

もうひとつおすすめしたいのは、里いもです。洗って乾燥させてから皮をむき、1週間以上冷凍すると、ふんわり、ねっとりした食感になって、生よりもおいしい！　定番の芋煮や汁ものにすると、そのおいしさをしみじみと味わえます。

凍ればOKです

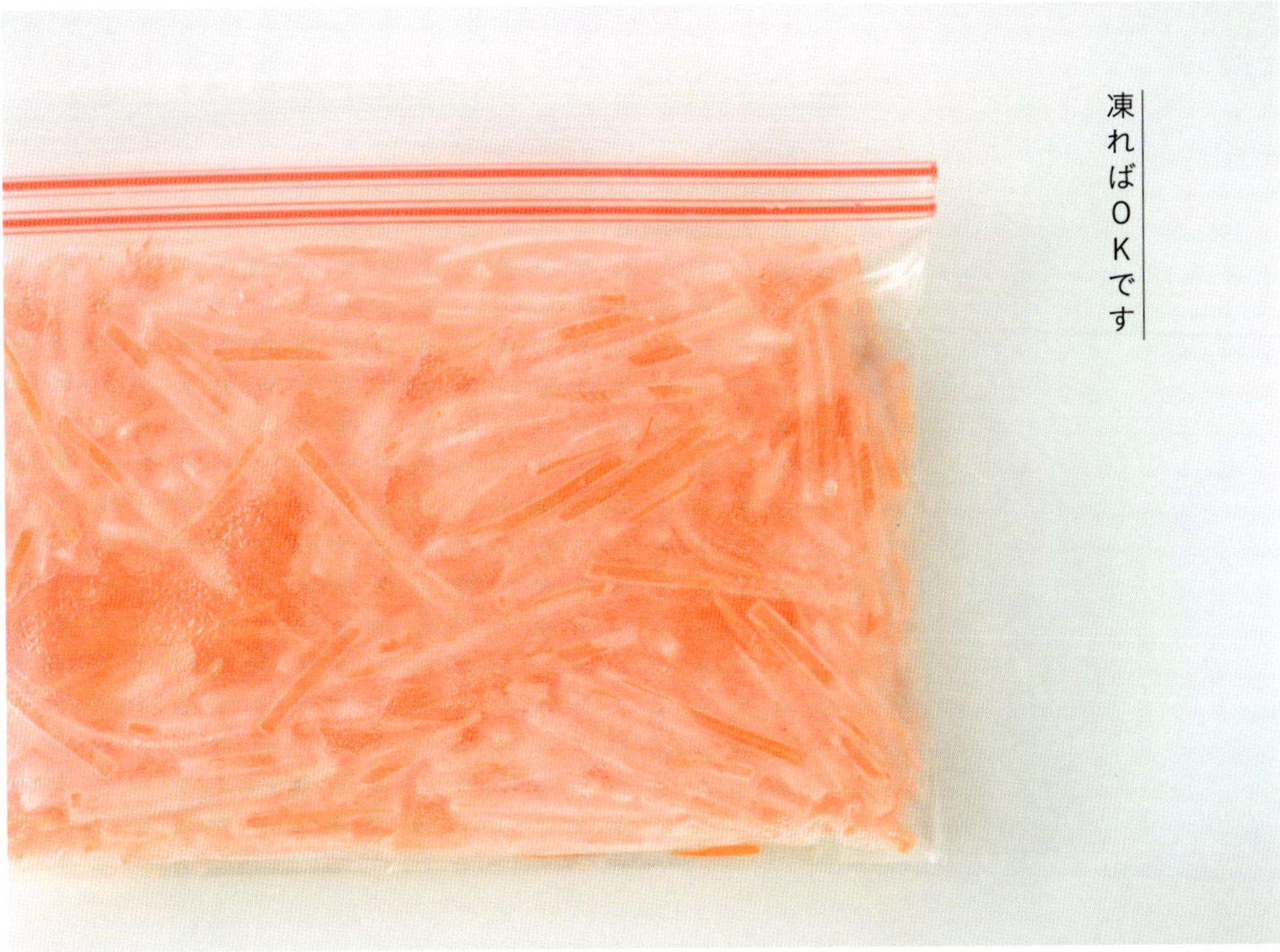

塩もみ不要のラペに！

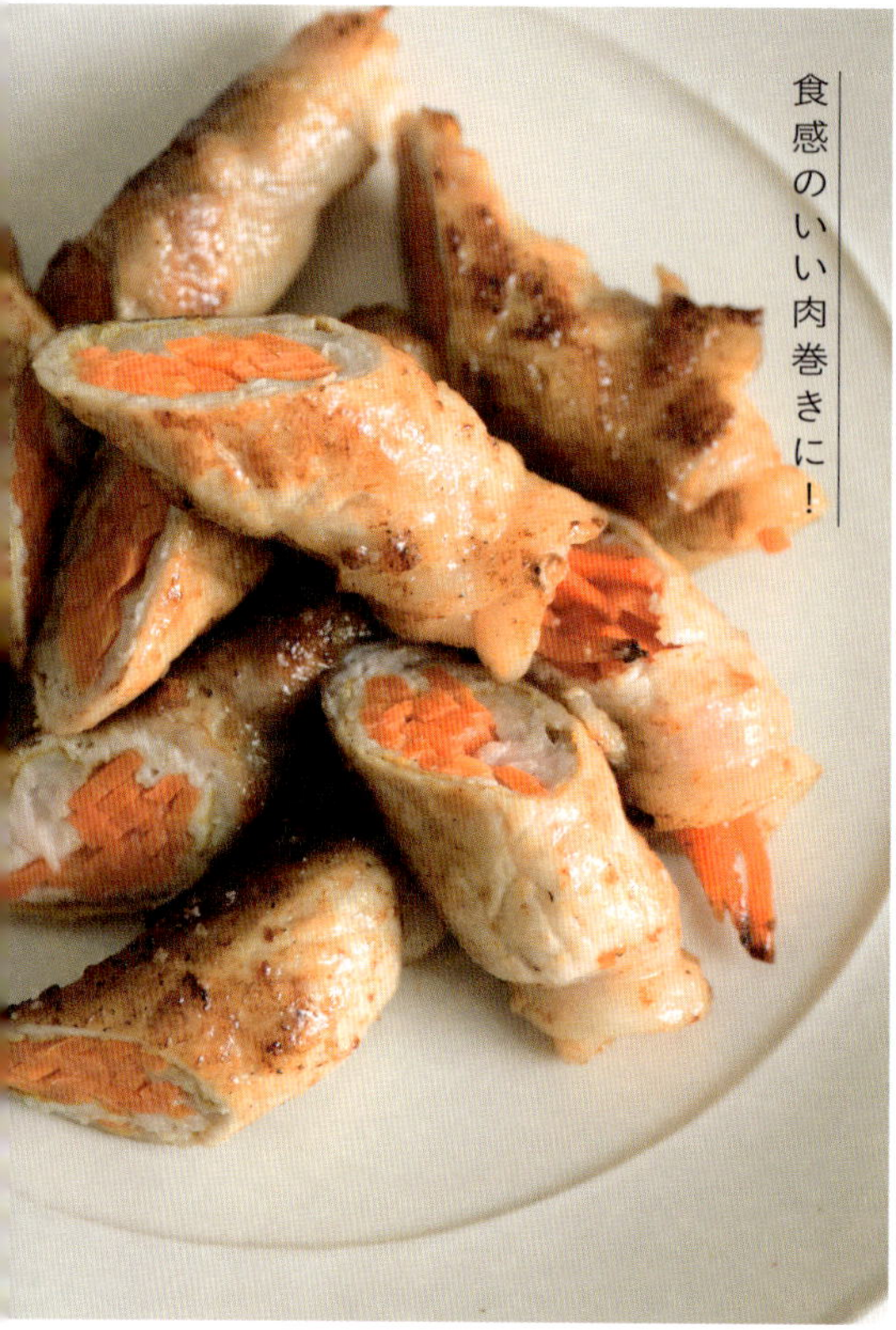

食感のいい肉巻きに！

冷凍にんじんのラペ

私がよく作るラペはシンプル。まず、白ワインビネガー大さじ1／2、おろし玉ねぎ小さじ1、塩少々を混ぜてから、オリーブオイル大さじ1／2を加えてさらに混ぜます。ここに、冷凍にんじん100gとパセリのみじん切り少々を加えてあえればできあがり。

冷凍にんじんの肉巻き

にんじんはカレー粉に含まれるクミンと相性がいいので、豚ロース薄切り肉にはカレー粉と小麦粉各少々をふっておきます。にんじんを巻いてバターで焼き、塩少々と白ワインをふって煮からめれば完成です。

冷凍里いもだから
ふっくら、ねっとり！

冷凍里いもが主役の芋煮

冷凍里いもの利用法なら芋煮がイチオシです。こんにゃく100gはひと口大にちぎって下ゆでし、長ねぎ1本は斜め薄切りにしておきます。牛切り落とし肉100gと酒大さじ2を鍋で中火にかけて炒り、肉の色が変わったらこんにゃくと冷凍里いも200g、だし汁3カップを投入。煮立ったらアクをとり、長ねぎを加えて弱火で約15分煮て、仕上げにしょうゆ・みりん各大さじ2で味つけします。

ふわふわとやわらかく、ねっとり舌の上でとろける里いもは、まさに主役級のおいしさ。生の里いもでは味わえないので、皮をむいて冷凍する手間をかけるだけの甲斐はあります。

17 白い野菜は**ゆかり＋酢につける**

ゆかりはご存じの通り、塩漬けにした赤しそが原料のふりかけ。しそ由来の爽やかな酸味と香りに、ほどよい塩味がきいていて、白いごはんによく合います。実はごはんだけでなく、かぶや大根、白菜、長いもなど、白い野菜との相性も抜群。旬の白い野菜のジューシーなみずみずしさを、ゆかりの酸味と香りが引き立ててくれるのです。というわけで、秋から冬にかけて私がよく作るのが、白い野菜とゆかり、米酢を混ぜ合わせた漬けものです。

薄切りにした野菜３００gに対して、ゆかり大さじ1と米酢大さじ2が適量。かぶや大根なら、葉も加えると彩りよく栄養価も高くなります。ボウルや保存袋で混ぜ、60分以上置けば食べごろに。箸休めとして、おつまみとして何かと重宝するうえ、白と紫のコントラストが秋冬の食卓を華やかに盛り上げてくれますよ。

18

にらと水菜は一緒に食べる

「にらと水菜を合わせる」なんて、初めて聞く方は驚かれるのではないでしょうか？　でも、おひたしにするとこの２つはよく合うのです。島根県の松江にある居酒屋で出会ったとき、その相性のよさにびっくりしました。食感も香りもまったく違う野菜なのに、お互いの個性を引き立て合って、単独で食べるよりもおいしい！　目からウロコの体験をして以来、我が家でもにらと水菜のおひたしをよく作っています。

つけ汁は、だし汁１と１／２カップ、塩小さじ１／３、しょうゆ小さじ１。これをボウルなどに混ぜて、先に作っておきます。にらと水菜は、沸騰した湯に少量ずつ根元から入れ、くぐらせる程度にゆでたらすぐざるに上げます。どちらも火が通りやすい野菜なので、ゆでるのは「さっと」に留めるのがポイント。それぞれ４～５㎝ほどの長さに切ったら、つけ汁に10分以上つけましょう。

さっとゆでたらすぐざるに上げます

19

半端野菜は**ぬか床に放り込む**

料理をしていると、半端野菜がよく出るもの。そんな野菜たちを、私はいつもぬか床に放り込んでいます。冷蔵庫でひと晩置いた翌日には、おいしいぬか漬けになっていてムダなく食べられるのです。長く漬けると酸味と塩味の強い「古漬け」になりますが、私はこちらも好みです。

自家製のぬか床作りにこだわった時期もありましたが、今は「菜香や」の無添加のぬか床を愛用中。万が一ダメにしてしまうことがあっても、また新しいぬか床を購入すればいいので気がラクです。それに、山椒や赤唐辛子、ゆずなど柑橘類の皮を加えれば、自分好みのテイストにもアレンジできます。

ぬか床を入れているのは、杉のぬか箱。杉は優れた調湿作用でぬか床の水分を調整してくれるうえ、抗菌作用もあるので、ぬか床を長期保存するのに適しています。

翌日が食べごろですが、
古漬けも好き

COLUMN

乾物はエラい

切り干し大根、きくらげ、豆類などの乾物は、常温でも長期保存できる便利な食材。加えて優れているのが、味と栄養です。旨みが強く、料理に深みを出してくれるうえ、腸活に欠かせない食物繊維、不足しがちなミネラル類も豊富。日々の料理に、積極的にとり入れたいものです。

とはいえ、そのつど戻すのが面倒で……という方には、少量ずつ保存容器の中で戻しておく方法がおすすめ。そのまま冷蔵庫で保存し、使いたいときにいつでも使えるようにしておけば、もっと身近な食材になるはずです。

戻すのに必要な水の量と時間は、乾物によって違います。切り干し大根は少量の水で数十分、きくらげはたっぷりの水で数時間。豆はたっぷりの水につけて1日ほど置きます。

切り干し大根
きくらげ
ひよこ豆

切り干し大根を酢じょうゆで

戻した切り干し大根は煮るのが定番ですが、コリコリとした食感を楽しむなら、そのまま酢じょうゆあえにするのがおすすめです。

切り干し大根40gに大さじ3ほどの水をかけ、20分ほど置いて戻します。せん切りにしたしょうが1かけ分と合わせ、酢・しょうゆ各大さじ1であえればできあがり。さっぱりとした酢じょうゆ味のおかげでパクパク食べられるので、不足しがちな食物繊維・カリウム・カルシウム摂取にも役立ちます。卵焼きに入れてもおいしいですよ。

きくらげはぬるま湯で戻す

ビタミンDと食物繊維を含むきくらげ。たっぷりのぬるま湯を使うと15分ほどで戻せます。サラダやあえものに使うときは、さらに湯通しで加熱処理が必要です。

おすすめは、ピリ辛のあえもの。戻して湯通ししたきくらげ15gを、酢・しょうゆ各大さじ2、砂糖大さじ1、ラー油大さじ1／2であえます。

ひよこ豆はチリコンカンに

ひよこ豆は3倍量の水につけ、ゆっくり8時間ほどかけて戻します。食べるにはさらに加熱が必要ですが、低脂肪・高タンパクな優秀食材。煮るとき

ひよこ豆のチリコンカン

に出るゆで汁もおいしいので、汁ごと使えるチリコンカンがおすすめです。
ベーコン2枚、玉ねぎ1個、にんにく1かけをみじん切りに。オリーブオイル大さじ1で玉ねぎとにんにくを炒め、香りが立ったらベーコン、合いびき肉200g、白ワイン大さじ2を加えて。パラパラになったら、トマトピューレ300g、チリパウダー小さじ1、ローリエ1枚、戻したひよこ豆150g、水1カップ（あればクローブ少々）を加え、弱火でふたをして30分煮込みましょう。

トマトを煮詰めたトマトピューレには、長時間煮込まなくてもコクが出る効果が。汁ものに煮ものにと、手軽に使うことができて便利。

第二章

肉と魚介

20

ステーキは**1%の塩**で焼く

突然ですが、人間の血液の塩分濃度をご存じですか？　答えは、約0・9%。私たちはその塩分濃度のものを食べると、おいしいと感じるのだそう。ですから、肉を焼くときの塩加減も0・9%が最適なのですが、面倒なので100gなら1gと覚えましょう。

2㎝厚さのステーキなら、焼く30分前に冷蔵庫から出し、焼く直前に1%の塩と適量のこしょうを両面にふります。高いところからパラパラとふるとムラが出ません。フライパンに薄く油をひいて弱火でじっくり温めておき、肉を入れたら強めの中火に！油はごく少量でOK。これで確実に焼き色がつき、旨みを閉じ込められます。焼き時間は、2㎝厚さで片面1〜2分ずつを目安に、厚みによって加減してください。時間はタイマーで計り、焼いている間は触らないこと。焼けたらアルミホイルに包み、5〜10分おいて肉汁を落ち着かせ、余熱で火を通したら完成です。

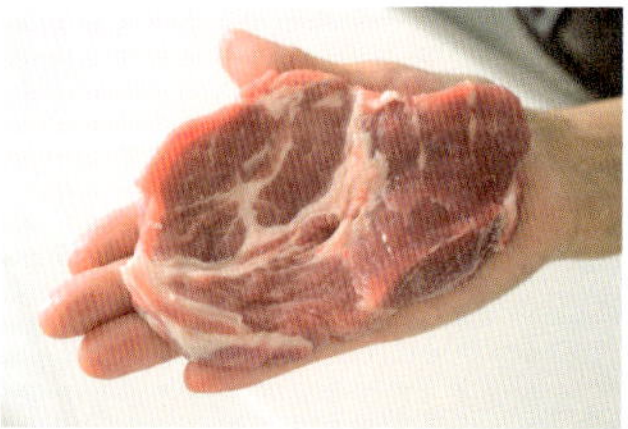

手にちょうどのるくらいが、だいたい100g。

1%の塩はこのくらい

肉を入れる前にフライパンは弱火でじっくり温めて

肉を入れたら
強めの中火に

焼き時間は片面
1〜2分ずつ

余熱で火を通す

完成！

21

鶏もも肉は塩をふるのではなく**すり込む**

牛肉は大きな塊から切り出したものですが、鶏もも肉は部位そのもの。つまり断面がないため、ふっただけでは塩は入りません。肌に化粧水をなじませるように、よくすり込んでください。塩の量はＰ72と同じく、肉の重さに対して１％です。

焼く30分前に冷蔵庫から取り出し、厚みのあるところは筋の膜を切り、開きます。黄色の大きな脂があれば除いておきましょう。鶏もも肉２５０gなら塩小さじ１／2、少々の黒こしょうをすり込みます。フライパンにオリーブオイル大さじ１／２とにんにくの薄切り１かけ分を入れて弱火で温め、香りが立ったら強めの中火にして皮目から肉を入れます。このとき、へらで押しつけるか、重石をのせるのが大切。皮を香ばしくカリッと焼けます。焼けたら返し、皮目の半分くらいの時間、中火で焼いて完成。にんにくは焦げないように、肉を入れたら上にのせてくださいね。

鶏肉の場合はふるのではなく、すり込む

動かさず、へらでギュッと押しつけて

皮はパリパリ！
中はジューシー！

TOPIC

鶏むね肉はグーでたたいてやわらかくする

CHICKEN

加熱するとパサパサになりがちな鶏むね肉を、やわらかく仕上げるコツがあります。それは、たたいて繊維を崩すこと。特に道具は必要なく、調理する前に思いっきりグーでたたけばOK! ポイントは、指の第2関節が肉にしっかり当たるようにすることです。

この方法は、豚肉の筋切りにも応用できます。筋切りとは、焼いている間に肉が縮んで反り返るのを防ぐために、筋を切ること。包丁で切り込みを入れすぎると見栄えが悪くなってしまいますが、たたけばそれも防げます。ただし、厚みが2㎝以上ある豚肉の場合は、自重でもとに戻ってくれるので、たたいたり筋切りしたりする必要はありません。

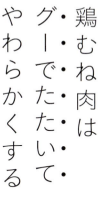

22

薄切り肉には**マヨネーズ**！

肉類にマヨネーズを塗ると、しっとりとやわらかく仕上がります。これは、マヨネーズに含まれる乳化した油が、タンパク質に作用するため。薄切り肉なら調理前に塗る、から揚げやチキンステーキなどにはもみ込む、ひき肉は混ぜるなど、いつもの肉料理で試してみてください。

量の目安は、肉の重量の5％。200gの肉ならマヨネーズは10gになります。「マヨネーズ味になってしまわない？」なんて心配は無用。けっして多い量ではないので、料理の味に影響することはありません。

塗ったり、もみ込んだりするときは、酒で溶いてから使うとスムーズ。10gのマヨネーズなら酒は大さじ1が適量です。

次のページから、マヨネーズの効果を特に感じやすい薄切り肉のレシピをご紹介します。

マヨネーズは
酒で溶きます

薄く塗ります

冷しゃぶの仕上がりが違います

マヨネーズを塗った豚肉でよく作るのが、冷しゃぶサラダです。しゃぶしゃぶ用の豚薄切り肉200gに、酒大さじ1で溶いたマヨネーズ10gを薄く、まんべんなく塗ります。これを熱湯にさっとくぐらせ、ざるに上げます。そのままの肉だとかたく、パサついてしまうことが多いのですが、マヨネーズを塗ったものはふんわりやわらかく、豚肉の脂の甘みが際立つ仕上がりに。食べやすく切ったお好みの生野菜と合わせれば、冷しゃぶサラダのできあがり。

ドレッシングは、ポン酢しょうゆ大さじ3と白いりごま大さじ1を混ぜたところに、ごま油大さじ1／2を加えたものがおすすめです。

肉巻きにしても
おいしい

くし切りトマトの肉巻き

薄切り肉の定番レシピ、肉巻きもおすすめです。酒で溶いたマヨネーズを豚薄切り肉に塗り、くし切りにしたトマトを巻いて、小麦粉を薄くまぶします。油大さじ1／2をフライパンに熱し、4〜5分焼いたら取り出しましょう。フライパンを拭いてから、しょうゆ・酒各大さじ1、砂糖・みりん各大さじ1／2、水大さじ1を熱してたれを作り、肉巻きにからめて仕上げます。

肉巻きにはミニトマトをよく使いますが、普通のトマトのくし切りのほうが、断然ジューシー。薄切り肉12枚に対して、小さめのもの2個ほどが目安です。マヨネーズには、カレー粉や一味唐辛子を加えてもおいしいですよ。

23

リーズナブルな白身魚のお刺身は

とろろ昆布で締める

刺身などの食材を、だし昆布ではさむ昆布締め。昆布が食材から余分な水分と臭みを吸い取り、かわりに旨みを移してくれるという伝統的な料理法です。本来なら数時間〜ひと晩ほどかかりますが、とろろ昆布を使うと、なんと30分で再現できます！

まず、まな板にラップを敷き、その上でとろろ昆布を小さく裂きます。裂いて使うのは、刺身の全体にまぶしやすくするため。裂いたとろろ昆布の上に刺身をのせ、刺身の上にもとろろ昆布をまぶしたら、ラップでぴったりと全体を覆います。そのまま冷蔵庫に入れ、約30分置けばできあがり。まわりについたとろろ昆布ごといただきましょう。

鯛や平目など、スーパーで買えるリーズナブルな白身魚の刺身も、こうするとお寿司屋さんで出されるような一品に早変わり。しょうゆなしでもおいしく食べられますよ。

とろろ昆布ごと
いただきます

24 さばの文化干しは焼くよりゆでる

さばの文化干しは、三枚におろしたさばをつけ汁につけてから乾燥させたもの。最近は、冷蔵庫にストックしている方が増えてきたようです。普通の干物と同じように焼いて食べますが、私はゆでるほうがお気に入り。青魚特有の臭みや余分な脂が落ち、身がふっくらとするのです。

ゆでる時間は5分ほど。フライパンに湯を沸かしたところに文化干しを入れ、普通にゆでるだけですが、余力があれば、ゆでるお湯に風味を加えてみましょう。私のおすすめは、文化干し2枚に対して水1カップ、白ワイン大さじ2、レモンの薄切り2枚、玉ねぎの薄切り1／4個分、ローリエ1枚、粗びき黒こしょう適量。これら全部ではなくとも、白ワインだけ（和風にしたいときは酒にかえても可）、レモン汁だけ、こしょうだけでも加えてみると、普通にゆでたものと違ったおいしさを楽しめますよ。

仕上げにレモンを
ギュッと搾って

25

レンジ蒸しは3つの材料でうまくいく

電子レンジ調理は簡単ですが、食感や味が損なわれたり、臭みが残ってしまったりすることもあるもの。こうした失敗を防ぐには、片栗粉・香味野菜・香りのある油の3つが役立ちます。食材に片栗粉をまとわせると、食材から出た水分がとろりとからんでパサつかず、香味野菜と油が風味をよくしてくれるのです。この3つを活用して、白身魚のレンジ蒸しを作ってみましょう。

たらなどの白身魚2切れの場合、酒小さじ2、塩少々、片栗粉小さじ1／2、ごま油小さじ1を耐熱皿に混ぜ合わせ、白身魚にからめます。さらに、香味野菜として細切りにした長ねぎ1／2本としょうが1かけをのせ、ラップをふんわりかけて600Wで4分加熱。すぐに取り出さず2分ほど置いて蒸らせば、ふっくらジューシーな仕上がりに！　豆苗の上に汁ごと盛り、しょうゆを適量かけてどうぞ。魚のかわりに肉類でもおいしくできますよ。

よくからめて

片栗粉がポイント

香味野菜をたっぷり
のせたら、ふんわりラ
ップをしてレンジへ

豆苗を敷いた
お皿にオン！

26

肉の**オーブン焼きは低温**がいい

チャーシューのように大きな塊肉を焼くときは、低温でじっくり加熱する必要があります。低温調理にはいろいろな方法がありますが、試行錯誤を重ねた結果たどり着いたのが「100度のオーブンで100分焼く」という方法です。

400gの豚肩ロースブロックを焼く場合、下味はしょうゆ、はちみつ、酒、しょうがの搾り汁（またはP46の発酵しょうが）各大さじ2。これらをポリ袋に入れて混ぜ、豚肉を加えてしっかりもみ込んだら、空気を抜いて冷蔵庫に8時間以上置きます。オーブンは150度に予熱しておき、天板に汁けをきった豚肉をのせ、100度に落としてから100分焼きましょう。100度に設定できない場合は、120度までが許容範囲です。焼けたらアルミホイルに包み、30分ほど休ませればしっとりジューシーな焼き上がりに。つけ汁は鍋で煮詰め、ソースにします。

100°C
OK
100度でじっくり

やわらかくて
しっとり

27
ひき肉は**酒で炒る**と スープの素になる

「スープを作るには、鶏ガラスープの素やコンソメが必要」と考えてしまいがち。でも、具材に肉を使う場合、スープの素は本来必要ありません。肉にはそもそも、旨みがたっぷり含まれているからです。ひき肉と酒を使えば、スープの素なしで簡単においしいスープを作れます。

鍋にひき肉150gと酒大さじ1を混ぜ合わせ、中火にかけて菜箸などで炒りつけます。肉の色が白っぽく変わったら、水2と1/2カップを加えて。弱火で2〜3分ゆでながら、アクをすくえばできあがりです。ひき肉から出る旨みだけで、十分豊かな味わい！ ひき肉はそのまま、スープの具材としていただけます。

ポイントは、調味料の入った料理酒ではなく「酒」を使うこと。料理酒以外なら、日本酒でもワインでもお好みのものを使ってかまいません。ひき肉の種類をかえても、味の違いを楽しめますよ。

鶏ひき肉と日本酒で鶏ガラスープの素に！

鶏ひき肉と日本酒を使うと、あっさりした鶏ガラスープのような味わいになります。具材はお好きなものでよいのですが、もやしとしいたけがおすすめです。

鶏ひき肉150gに対して、酒は大さじ1、水は2と1／2カップほど。P94の方法でスープを作ったら、もやし1／2袋と薄切りにしたしいたけ3枚分を加え、塩小さじ1／3、しょうゆ小さじ1で味つけします。口に含むと、鶏としいたけの旨みがやさしく広がり、ホッとなごむひと皿に。ごはんやそうめんを入れて、お夜食にしてもいいですね。

牛豚合いびき肉と白ワインでコンソメの素に！

組み合わせを合いびき肉と白ワインにすると、コンソメ味になります。このスープにじゃがいもや玉ねぎ、にんじんを加えて煮れば、ポトフ風に。

合いびき肉150gに対して、白ワインは大さじ1。鍋に入れて炒り、肉の色が変わったら、大きめに切ったじゃがいも2個、玉ねぎ1個、にんじん1本を、水2と1／2カップと一緒に鍋に入れ、ふたをして弱火で煮込みます。加熱時間は、具材がやわらかくなるまで10～15分程度。アクが出たら取り、仕上げに塩小さじ1／2ほどで味を調えましょう。

28

肉は**下味冷凍**が便利

肉はまとめ買いして冷凍するという方も多いでしょう。冷凍した肉を解凍するとドリップが出ますが、臭みがあるので普通は拭き取らなければなりません。でも、肉を冷凍する前に下味をつけておけば、ドリップも旨みやソースとしてそのまま使えます。

下味の材料は、塩・酒・おろししょうが（またはP46の発酵しょうが）がベスト。酒は肉をやわらかくし、しょうがは臭みを消してくれます。分量は、肉２００gに対して塩小さじ１／2、酒大さじ1、しょうが大さじ１／2が目安。解凍してからほかの材料と合わせることを考え、塩分は少し濃いめです。

袋の中で下味の材料を混ぜてから肉を入れ、よくもみ込みましょう。こうすると味がつきやすく、バットやお皿などの洗い物も出ません。あとは、１００g、２００gなど使いやすい分量に分けてから冷凍すれば、調理のときに便利です。

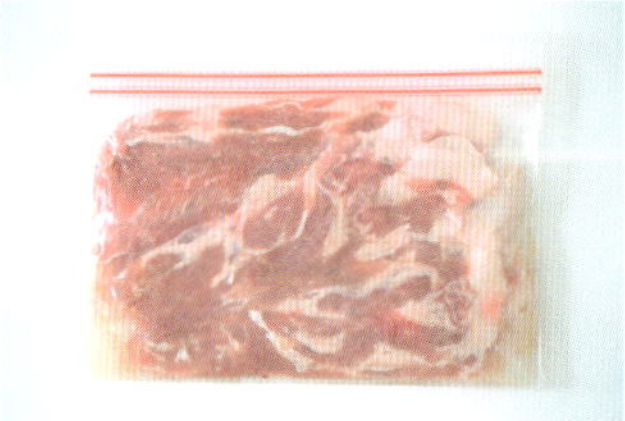

平らにならして冷凍。
保存期間は約１カ月。

下味は、塩 ＋ 酒 ＋ しょうが

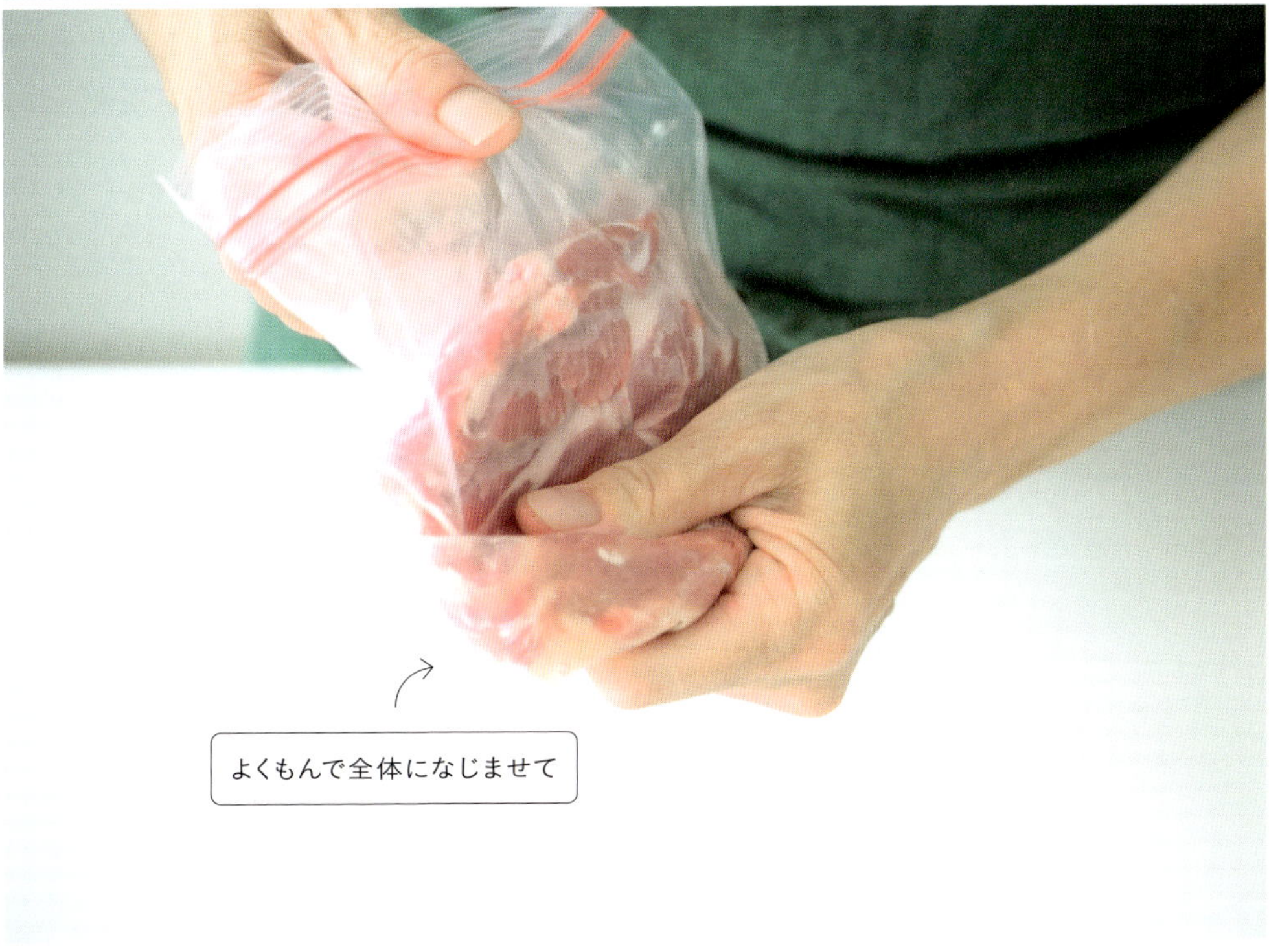
よくもんで全体になじませて

焼くだけでしょうが焼きに！

Ｐ98の下味をつけた肉は、そのまま焼くだけでしょうが焼きになります。しかも、食感はふんわりやわらか！

まず、フライパンに油大さじ１／２を中火で熱し、５㎜幅の薄切りにした玉ねぎ１／４個分と、凍ったままの豚肩ロース薄切り肉（写真は２００ｇ）を入れ、ふたをして蒸し焼きにします。やわらかくなってきたら、ふたを取ってほぐし炒め、火を通しましょう。

せん切りキャベツと盛り合わせれば、あっという間に主菜のできあがり。下味冷凍は、忙しい毎日の心強い味方になってくれます。

あっという間に
しょうが焼きが完成

29

あさりの水煮缶で作るとびきり簡単な潮汁《うしお》

貝類の中でも鉄分が多いあさり。おいしくて大好きなのですが、どうしても砂抜きのひと手間がかかってしまいます。そこで私がストックしているのが、あさりの水煮缶と冷凍あさりです。あさりごはん、クラムチャウダーなど、あさりの身の存在感が欲しいときは冷凍あさり。汁ものなど、あさりの旨みをシンプルに味わいたいときはあさりの水煮缶というように、使い分けています。

中でもとびきり簡単なのが、潮汁です。鍋にあさりの水煮缶1缶（180g）と3缶分の水、しょうがの搾り汁小さじ1、酒大さじ1を入れて温めるだけ。砂抜きをして、洗って、アクをすくって……といった工程を全部スキップできます。

お椀に盛って刻んだ三つ葉を加えれば、味もビジュアルも、料亭級のひと皿になりますよ。

SSK
あさり水煮
この缶で水を量ります

30 魚の缶詰は**缶汁ごと使う**

魚の缶詰は、手軽に使えて栄養を摂れるので日頃から活用したいもの。ところで、缶詰の缶汁ってどうしていますか？　レシピ本にはよく「缶汁をきる」と書かれていますが、なんてもったいない！　缶汁には魚の旨みがたっぷりで、とてもいい調味料になるからです。例えばオイルサーディンなら、油を含んだ缶汁はサラダのドレッシングに使えます。特におすすめなのは、じゃがいもと合わせたサラダです。

じゃがいも2個はひと口大に切り、やわらかくなるまで加熱しておきます。ボウルに白ワインビネガー大さじ1、おろしにんにく小さじ1／2、塩・こしょう各少々を入れ、しっかり混ぜてからオイルサーディン1缶の缶汁だけを加え、混ぜて乳化させます。ここにじゃがいもとサーディンを投入してあえてください。彩りに、パセリのみじん切り大さじ2を混ぜ込んだら完成です。

缶汁はドレッシングに使います

サーディンは具材として!

オイルサーディンの
旨みと栄養を吸い込んだ
じゃがいもが最高

鮭缶は非加熱の冷製スープに！

鮭缶があれば、冷製スープが簡単に作れます。カナダに留学していた娘から教わったレシピですが、こんなにおいしい食べ方があるのかと、目からウロコでした。

まず、鮭缶1缶を缶汁ごとボウルに入れてよくつぶします。みじん切りにした玉ねぎ1／4個、セロリ1／2本、ローズマリー1枝、オレガノ小さじ1、牛乳1と1／2缶（鮭缶で量ります）を加えて混ぜ、塩・こしょうで味を調えるだけ。ハーブ類はドライのものを使ってもかまいません。

31

ちくわには**生ちくわ**と**焼きちくわ**がある

白身魚のすり身で作られているちくわ。歯ごたえがあるのでボリュームを出しやすく、お財布にも優しいのがうれしいですよね。そんなちくわには、「生ちくわ」と「焼きちくわ」の2種類があるのをご存じですか？

生ちくわは、中央に濃い焼き色があるほう。焼きちくわは、ぼたん模様と呼ばれる凸凹した焼き目がついているほうです。見た目だけでなく食感も異なり、焼きちくわのほうが弾力があってかために感じます。

我が家では、この食感の違いをより楽しむため、生ちくわは焼いて、焼きちくわは揚げて食べるのが定番です。もちろん生でそのまま食べてもおいしいのですが、加熱調理したときの風味や食感は格別なので、ぜひ試してみてください。次のページで、それぞれの調理法を詳しくご紹介します。

生ちくわは焼くと美味
焼きちくわは揚げるとおいしい

生ちくわは網で焼く！

生ちくわはフライパンではなく、網を使って直火で焼くと、外側がカリッとした食感に変わり、風味も増します。網をよく熱し、生ちくわを転がしながら全体にこんがりと焼き目をつけて。網がなければ、魚焼きグリルでもＯＫです。わさびを添えてどうぞ。

焼きちくわは揚げる！

焼きちくわは加熱すると肉のような食感になりますが、弾力が強く、焼くと身がしまるため、揚げるのがおすすめです。

焼きちくわ1本を乱切りにしたら水大さじ2をまぶし、小麦粉大さじ2で

水をまぶしてから
粉をつける

乱切りにして

ぷくっとふくらんできたら
揚げ完了！

薄く衣をつけて、180度の油でカリッと揚げます。先に水をまぶすと、小麦粉を水で溶くより粉の量を減らせるうえ、流れ出たちくわの旨みを衣で閉じ込められます。揚げたてのぷくっとふくらんだ姿のかわいいこと！　しぼむ前に食べてくださいね。

32

いかのおつまみは料理に使える

噛めば噛むほど味が出てくる、いかのおつまみ。旨みがギュッと凝縮されているので、実は料理の食材としても優秀です。しかも、生のいかと違って下処理もいらないので、いかの旨みを利用したいときにはよく使っています。

例えば「いかくん」。薄い輪っかになっているものを細かく刻むと、さらに味が出てきます。旨みに加えて薫香もつくので、香りの強いセロリと合わせてサラダにすると、抜群の相性！

セロリ1本なら「いかくん」は25gほどが目安です。セロリの葉も刻んで入れ、レモン汁大さじ2であえてしばらく置けばできあがり。お好みで七味唐辛子を入れるとアクセントになります。

調味料といえるものは入っていないのに、なんとも複雑な味わい。友人からも「えっ、これって何が入っているの？」なんて不思議がられるほどおいしい一品です。

セロリと「いかくん」のマリネ

「さきいか」は衣をつけて天ぷらに！

やわらかい「さきいか」は、天ぷらに合います。適当な大きさに裂いてから水をかけてふやかすのが、味を出すコツ。さきいか50gに対して水は大さじ2。天ぷら粉大さじ5、水大さじ3、しょうゆ小さじ1を合わせた衣をつけたら、180度の油でカリッと2分ほど揚げましょう。

「さきいか」は天ぷらに

「いかの姿フライ」はいか焼きに

もうひとつ、おすすめは「いかの姿フライ」。お好み焼きにこれを入れると、いかも天かすも不要で便利です。

ただ網にのせて炙るだけでも、衣の油でカリカリになっておいしいですよ。中濃ソース、紅しょうが、小ねぎの小口切りをかければ、お好み焼き屋さんの定番、「いか焼き」になります。

「思えば、さきいかは子どものころから大好きで、なぜかよく『桃屋のキムチの素』をつけて食べていました。合いますけど（笑）」

「いかの姿フライ」は
焼いていか焼きに！

中濃ソース、紅しょうが、
小ねぎをかけて完成

COLUMN

塩麹は やっぱり便利

タンパク質をやわらかくする、旨みやコクを出すなどの効果で知られる塩麹。調味料としての有用性が高いだけでなく、腸内環境の改善に欠かせない発酵食品を手軽に摂れる点でも優秀です。私は、金沢の「高木糀商店」のものを使って、塩麹を手作りしています。

米麹200gを手で細かくもみ、塩60gをまぶしたら、しっとりするまでさらにもみます。水250gを加えてへらで混ぜ、消毒した密閉容器へ。室温に置いて1日1回混ぜ、6〜10日ほど経つと熟成が進んで使いどきに。冷蔵で約3カ月保存できます。

できあがった塩麹は、肉や魚の下味に使うほか、ドレッシングやたれに混ぜたり、納豆やフルーツにかけたり。しょうゆ麹や玉ねぎ麹なども試しに作ってみましたが、結論は「塩麹さえあればいい」。やっぱり活用範囲がいちばん広く、まさに万能調味料だと実感しています。

第三章

卵と大豆製品

33

レンジ蒸し卵をやってみて！

最近気に入っているのが、電子レンジで作る蒸し卵です。黄身は半熟、白身はほどよくかたまっている温泉卵のようで、私好み。塩をパラリとふっていただきます。「電子レンジで卵って爆発しないの？」と思われるかもしれませんが、ポイントを守れば大丈夫。必ずココットのような浅く広い耐熱容器を使い、加熱前に卵黄に水をかけ、加熱時間を厳守することで回避できます。

まず、ココットに油を薄く塗ります。冷蔵庫から出したての卵を2つ割り入れ、卵黄2つに対して水大さじ1／2をかけたら、ラップをかけずに600Wの電子レンジで40秒〜1分20秒加熱。様子を見て、白身が白くなったら止め、あとは余熱で調節します。

卵の下にベーコンやゆでたほうれん草、きのこ、コーンを敷いたり、塗る油をごま油にしてわかめを敷いたり、アレンジも自在。温泉卵の代わりに、料理の仕上げにのせるのもおすすめですよ。

卵黄に水をかけます
1/2
Tbs

とろとろ〜♪

34

卵焼きは**水を混ぜる**と冷めてもおいしい

卵焼きは、今も昔もお弁当の定番おかず。冷めるとかたくなってしまいがちですが、水を混ぜるとふわふわをキープできます。水の分量は、卵2個に対して大さじ2が目安。砂糖、しょうゆなどの調味料と水を混ぜ合わせ、そこに卵を割り入れます。先に調味料と水を混ぜるのは、卵焼きの味にムラができるのを防ぐため。また、ムラを出さないためには、卵をよく溶くことも大切です。菜箸を底につけ、シャカシャカと左右に動かしましょう。これで、冷めてもふんわりおいしい卵焼きになりますよ。

ちなみに、我が家の卵焼きの味つけは、卵2個に水大さじ2、塩0・6gです。塩だけのシンプルな卵焼きは、オイルをかえれば風味に変化をつけられるのがうれしいポイント。私はごま油で焼いていますが、オリーブオイル、サラダ油など、家にあるオイルで違いを試してみてください。

まず水と塩をよく混ぜてから

卵を割り入れ、よく溶く

ラップで包んで少し
休ませるとしっとり！

35 目玉焼きは二度おいしい

「目玉焼きには何をかける？」なんて話題になることがよくありますよね。私の場合はちょっと？かなり？変わっていて、黄身にはしょうゆで、白身にはウスターソース！

まず、卵1個につき、油を小さじ1ほどフライパンに中火で熱します。そこに卵を割り入れて焼きますが、私はふたをせず、途中で水も入れない派。すると白身の縁がカリカリになり、香ばしくておいしいのです。半熟に焼けたら器に移し、まわりの白身を切り取ってウスターソースをかけ、黄身はごはんの上にのせて、しょうゆを適量。ソース味の白身と、濃厚な卵かけご飯、2つの味を楽しみながらいただきます。

それぞれのおいしさがとても引き立つので、ぜひ試してみてください。

黄身はごはんにのせてしょうゆ

白身にはウスターソース

36

スクランブルエッグは
コールドスタート

ホテルの朝食のような、とろとろのスクランブルエッグを作るのは至難のわざ。レシピ本には「強火で熱したフライパンにジュッと流し入れ、空気を含ませながらかきまぜる」と書いてあるけれど、あっという間に火が通って炒り卵になってしまった……という声もよく聞きます。これを解決する方法は、冷たいフライパンから調理を始める「コールドスタート」です。

18〜20㎝のフライパンに卵2個を直接割り入れ、牛乳大さじ4、塩・こしょう各少々、バター10gを加えます。火がついていない状態のまま、菜箸で卵、牛乳、塩・こしょうをよく溶き合わせたら、ここで初めて点火。火加減は弱火です。バターがまだ残っていても、徐々に溶けていくので大丈夫。ゴムべらで混ぜながら加熱を続け、とろりとしてきたらできあがり！　お好みで黒こしょうをふってどうぞ。

弱火で点火！
とろりとするまで混ぜる

フライパンに割り入れて

お好みで黒こしょうをふって
完成！

牛乳とバターを
加えて溶きほぐし

37

卵白と卵黄に分けて

納豆に加えたふわふわ卵

納豆は手軽なタンパク源。白いごはんにかければ、おかずなしでもタンパク質をしっかり摂れます。私も毎日のように食べていて、特に生卵を混ぜるのがお気に入り。そのときこだわっているのが、「卵白と卵黄を分ける」という混ぜ方です。

まず、納豆としょうゆ（または付属のたれ）を混ぜてから、卵白だけを加え、ゴムべらか木のスプーンでよく混ぜます。卵白の分量は、納豆2パック（80g）に対して卵1個分が適量です。すると納豆のネバネバ効果で、卵白があっという間にふわふわクリーミーなメレンゲ状に！　これをごはんにかけ、とっておいた卵黄をのせたらできあがり。特有の匂いもやわらぎ、溶けてしまいそうな口当たりを楽しめます。カレーやハンバーグにのせてもおいしいですよ。

卵白だけ加えて
混ぜます

ふわっふわ♪

38 完璧な半熟ゆで卵の作り方

意外と難しいのが、好みの加減の半熟ゆで卵を作ること。長年いろいろ試してきた結果、これが早く簡単にできてベスト！と、確信している方法をご紹介します。

鍋は小ぶりのものを用意します。卵2個なら、直径14㎝くらいがいいでしょう。卵は必ず冷蔵庫から出したてのものを使います。

卵を鍋に入れたらかぶるくらいの水を入れ、ふたをして強火にかけます。途中、吹きこぼれそうになったら火を弱めますが、基本はそのまま。点火してからきっちり10分、タイマーで時間を計ってください。10分たったら水にとり、しっかり冷ましてから殻をむきます。こうすると、黄身がオレンジ色でしっとりとした半熟卵に仕上がりますよ。

小さな鍋で作ります

しっと〜り♪

39

冷や奴は**倒して盛る**

冷奴を口に入れたら、しょうゆをかけたのに味がのっていない、と感じたことはありませんか？　これは、豆腐の表面がつるんとしているせい。そこで私がいつも実践しているのが、豆腐を倒して盛り、切り口を上にすることです。実は、ほかの著書でもいつもこうしてきました。調味料や薬味がよくなじみ、いつもの冷奴が掛け値なしに2倍はおいしく感じられるはず。ちょっとしたことですが、これもレシピ未満のおいしく食べるコツのひとつです。ここで、私がいちばん好きな「じゃこねぎ奴」をご紹介します。

木綿豆腐一丁を縦4等分に切り、切り口を上にして器に盛ります。斜め薄切りにして水にさらした長ねぎ1／4本をのせ、フライパンでちりめんじゃこ10gとともに熱したごま油大さじ1をジュッとかけて！　香ばしさとコクがたまりませんよ。

切り口を上に向けます

40

充填豆腐は**パックごとゆでる**

スーパーでよく3連パックなどで売られているのが、充填豆腐。木綿豆腐や絹ごし豆腐とは製造方法が異なり、パックと豆腐との隙間がなく、ぴったりとくっついています。缶詰のように、材料を入れて密閉してからパックごと加熱殺菌するので、賞味期限も長め。何より、やわらかでトゥルンとした食感が大きな特長です。ただし、この食感はパックから出してゆでると損なわれてしまいます。さらに、煮崩れたり、旨みが流れ出たりする原因にも。これを避けるためには、パックごとゆでるのがいちばんです。

鍋にパックのまま入れてかぶるくらいの水を注いだら、中火にかけ、煮立ったら弱火にして3分がいいゆで加減。そのままスプーンで食べれば、湯豆腐とはまた違う独特の食感をたっぷり楽しめます。好みで塩やしょうゆをかけてもいいですね。

濃厚！

41

汁ものに入れる豆腐は**手で崩す**

汁ものに豆腐を入れるとき、私は包丁を使わず、手で崩しています。こうするほうが、味がよく入り、ふるっとしてやわらかく、舌なじみもいいのです。これは絹豆腐でも、木綿豆腐でも同じです。

入れるタイミングは、お味噌汁なら味噌を溶いた後です。鍋の上で崩しながら加えたら、豆腐をじっと観察。中火でだいたい2分ほど待ち、豆腐がふるふるとふるえてきたら、仕上がりの合図です。それを超えるとかたくなってしまうので、そのタイミングを見逃さず、ササッと器によそいましょう。

ここで、豆腐の水きりについてワンポイント。汁ものに入れるときも軽く水きりしたほうが、豆腐の味がギュッと凝縮しておいしく仕上がります。容器の底にペーパータオルを敷くか、バットなどにのせて冷蔵庫にひと晩置くと、ほどよく水きりできます。

水きりは、豆腐の容器の底にペーパータオルを敷いても。

ふるふるとふるえて
きたらいい加減

IDEA

だし汁は・・・濃いめにとります

私は濃いめのだし汁が好きです。なぜなら、旨みがしっかりしていれば、調味料を減らせるから。また、だしが香れば、食事のひとときが豊かになります。濃いめのだし汁を保存ポットに入れておけば、毎日重宝しますよ。

昆布は水の1%、花かつおは水の2〜3%。鍋に水を入れて昆布を浸し、冷蔵庫に1時間からひと晩おいて、弱火にかけます。ふつふつしてきたら昆布を取り出して花かつおを加え、煮立ったら火を止めて2〜3分置き、こしてから保存ポットへ。昆布と煮干しを合わせる場合は、煮干しは水の2〜3%。昆布と一緒に水に浸し、鍋に入れて弱火にかけ、ふつふつしてきたら昆布だけ取り出し、弱火で30分ほど煮出して完成です。

42

油揚げは**カリカリがおいしい**

油揚げを焼いて食べるときは、油抜きをしません。油揚げから出た油で焼けば、よりカリカリの食感に仕上がるからです。

油揚げ1枚をフライパンにのせ、強めの中火に。油揚げの角がキリッと立ってきたら、裏返して味噌小さじ1を塗り、ピザ用シュレッドチーズ20gをのせ、ふたをしてチーズが溶けるまで焼きます。焼けたら食べやすくカットして器に盛りましょう。

味噌とチーズのトッピングは、私のお気に入り。大豆製品の油揚げと、発酵食品のチーズを、両方の特性を併せ持つ味噌がつないでくれるので、味がしっくりなじみます。お好みで、七味唐辛子や小ねぎの小口切りをちらしてもアクセントになりますよ。

スピーディに1品追加したいときのほか、家飲みのお供にもぴったりです。

角が立つまで焼いて

七味をかけてどうぞ

コロコロと角切りにした油揚げクルトン

油揚げをコロコロと小さく角切りにしたものを、揚げ焼きにするのもおすすめです。

油揚げを1㎝角に切り、油揚げから出た油を使って、カリカリになるまでフライパンで揚げ焼きます。仕上げにペーパータオルで油をきれば、糖質フリーのヘルシーなクルトンに！

サラダやスープ、そば、うどんのトッピングとして活用できます。

43

水きりが必要な料理は
厚揚げがいい

豆腐は水をきりすぎると、旨みを含んだおいしい水まで出ていってしまいます。とはいえ、炒めたり焼いたりする料理を作るときは、水けがあるとおいしく仕上がりません。そんなときにおすすめなのが、厚揚げを使うこと！　厚揚げは水きりした豆腐の外側のみを揚げたものなので、外側を切り取ってしまえば、中側は水きりした後の豆腐と同じだからです。チャンプルーや豆腐ステーキにするほか、ゆでれば白あえの衣にもうってつけ。

一方、厚揚げの外側は油揚げとほぼ同じなので、油揚げの代わりとしてお味噌汁や煮ものなどに活用できます。つまり厚揚げは、ひとつで2通りの使い方ができるお得な食材というわけです。

中を使うにしろ、外側を使うにしろ、切り離す前には一度ゆでて油抜きしましょう。すると味が入りやすくなり、その後の調理がラクになりますよ。

厚揚げはゆでてから外側を切り離し、中と外を分けて使う。

厚揚げの中側でチャンプルー

厚揚げの中側は余分な水が出ないので、チャンプルーにおすすめ。食感はちょうどよく、味は香ばしく、ちぎることで調味料や卵ともよくなじみます。

厚揚げ1枚分の中側は、ひと口大にちぎります。ゴーヤー1本は縦半分に切って種とワタを取り、薄切りにして塩小さじ1をまぶし、しんなりしたら洗って水けを絞ります。フライパンにごま油大さじ1を中火で熱し、厚揚げを入れて焼き色がつくまで焼きます。ゴーヤーを加えて炒め、塩・しょうゆ・砂糖各小さじ1／3で味つけ。削り節2パックを加えて混ぜ、溶きほぐした卵1個分をまわし入れ、軽く炒めたら完成です。

厚揚げの外側でひじきの煮物

厚揚げの外側は油揚げよりもしっかりした食感なので、ひじきとも好相性。味もしみやすく、油揚げで煮るよりしっくりくるかもしれません。

芽ひじき20gはたっぷりの水で戻して洗い、水けをきります。厚揚げの外側を切り取ったら、3㎝長さの短冊切りに。にんじん1／3本も短冊切りにしたら材料の下ごしらえは完了です。

鍋に油大さじ1／2を中火で熱し、ひじきとにんじんを炒めます。全体に油がまわったら、厚揚げとだし汁1カップ、酒・しょうゆ・みりん各大さじ1、砂糖小さじ1を加え、煮汁が少し残るくらいまで煮れば完成。冷蔵庫で3〜4日は保存できます。

44

豆乳＋酢で簡単シェントウジャン

シェントウジャンは、台湾の定番朝ごはん。温かい豆乳に酢を加え、豆乳をおぼろ状にかためたスープです。豆乳のふるふる食感と、具材の味・食感とのコントラストがクセになり、夫に「また？」なんて言われるほどよく作っています。

ポイントは、必ず無調整で大豆固形分が10％以上の豆乳を使うこと。調製豆乳だとうまくかたまりません。酢の量は、豆乳200mlに対して小さじ1〜大さじ1／2です。

作り方はいたって簡単。あらかじめ器に酢と、しょうゆを小さじ1、好みでみじん切りにした味つきザーサイ適量を入れて混ぜ、煮立つ直前まで温めた豆乳を勢いよく注ぐだけ。3〜4分待つと、ふるふるにかたまります。小ねぎやパクチーなどの具材を好みで加え、仕上げにラー油をひとまわし。シェントウジャンのお供の揚げパン、油条の代わりに焼いた油麩を添えても。

とろとろの
食感にほっ

沸騰直前まで温めて

勢いよく一気に注ぐ！

45 煎り大豆は**ヨーグルトで戻す**

節分でおなじみの煎り大豆は、手軽でヘルシーなタンパク源。さらにイソフラボンやサポニン、カルシウム、オリゴ糖など、女性の体にも腸内環境にもいい栄養がたっぷり含まれているので、そのままポリポリとおやつにしたり、サラダに入れたりしてよく食べています。

食べ方のひとつとしておすすめなのが、ヨーグルトで戻すこと。分量はヨーグルト400gに対し、煎り大豆100g。ヨーグルトの水分を吸った豆は、ふっくら、しっとり。逆に水分が抜けたヨーグルトは、さっぱりしたクリームチーズのようになり、スイーツ感覚で楽しめます。この組み合わせは、腸内環境を整える意味でも最高。なぜなら、オリゴ糖は乳酸菌の大好物だからです。夜、戻しておくと、朝には食べごろになります。

チーズスイーツ風の
テイストに

IDEA

酢＋煎り大豆、ヨーグルト＋ドライフルーツもおすすめ

煎り大豆は酢で戻すと、ヘルシー度アップ。煎り大豆にも酢にも血液サラサラの効果が期待できるうえ、酢が大豆に含まれるカルシウムの吸収を助けてくれるので、手軽な自家製健康食品になります。また、マンゴーなどのドライフルーツをヨーグルトで戻すのもおすすめ。翌朝にはやわらかく、ジューシーに。まるで生のマンゴーのようになってびっくりしますよ！

COLUMN

ひと味足りないときは香辛料を

料理にひと味足りないとき、つい塩分や糖分を足したくなります。でも、これは悪手。味が濃くなるだけで、味が決まることはほとんどありません。そのうえ、一度濃くすると元に戻すことはできず、いたずらに塩分と糖分の摂取量を増やすことにもなってしまいます。

解決策は、香辛料をプラスすること。香りと味は結びついているので、味に広がりと深みを出したり、足りないと思った味をカバーしてくれたりします。

一味唐辛子、七味唐辛子、粉山椒、黒こしょう、カレー粉など、香辛料はお好きなものでOK。いくつか用意しておけば、料理に合わせて使い分けができます。

第四章

めんとごはん

46 そうめんは**水でしめず**、そのまま使える

そうめんはゆでた後、流水で洗ってしめるのが基本とされていますが、実は絶対必要というわけではありません。水でしめる理由のひとつは、表面についているデンプンや油、余分な塩分を落とすためですが、たっぷりの湯でゆでれば、その間に落ちてしまうからです。特ににゅうめんは、冷やさず汁に加えたほうがラクですし、だしもしっかりからんでおいしくなります。

そうめんは暑い夏に冷めんで食べるのが主流ですが、私は温かいにゅうめんも好み。中でも、豆乳を汁にしたものがお気に入りです。沸騰直前まで温めた豆乳３００㎖を器に入れ、たっぷりの熱湯でゆでたそうめん50gをそのまま加えます。カットした白菜キムチ80g、斜め薄切りにした小ねぎ2本分をのせて完成です。

たっぷりの湯でゆでて

そのまま豆乳に入れてOK

完成！

とろろ昆布と梅干しのにゅうめん

にゅうめんに合う汁はだし汁に限りません。熱々の煎茶をかけても、お茶漬け風においしくなります。

煎茶の量はお好みもありますが、そうめん50gでだいたい300㎖くらい。熱めの湯で淹れ、器に入れておきます。たっぷりの熱湯でゆでたそうめん50gを加え、とろろ昆布2g、削り節2パック、長ねぎのみじん切り5㎝分を具材としてのせます。

これに梅干しを加えれば、どんなに夏バテで食欲がないときでも、スルスルッと完食。食べ終わったころには、梅干しのクエン酸効果で元気が出てきます。

そうめんのゆで汁を汁にしてもいい

高菜とじゃこのにゅうめん

高菜やちりめんじゃこなど、旨みがある具材をのせるときは、汁はゆで汁で十分。具材の塩分とゆで汁に出たそうめんの塩分があるので、調味しなくてもおいしく食べられます。「えっ、本当に大丈夫？」と思ったら、ぜひやってみてください。

まず、そうめん50gはたっぷりの湯でゆで、そのゆで汁を器に入れてからそうめんを投入。高菜漬け、ちりめんじゃこを適量ずつのせていただきます。ゆで汁だけにそうめんともよくからみ、具材の塩けと混ざり合ってほどよくやさしい味わいに。家庭料理はあまり基本にとらわれないほうが、ラクにおいしく作れるのです。

47

パスタは**最後にゆで汁をかける**

パスタをおいしく作るコツのひとつは、油分とパスタのゆで汁などの水分を乳化させること。これでとろみがつき、パスタに味がよくからむのですが、なかなか簡単にはいきません。

そこで思いついたのが、器に盛ったパスタにゆで汁をかける方法。ゆで汁と混ぜながら食べることで、乳化して味がからんだ状態を味わえるのです。普段の作り方より油の量も減らせるうえ、ゆで汁の塩けを利用できるので味つけに塩は不要です。

4カップの湯に塩8gを入れ、パスタ80gを袋の表示時間より1分短くゆでます。油を熱したフライパンで具材を炒めたら、パスタを加えてあえます。器に盛り、あればトッピングをのせ、そこへ熱々のゆで汁1／2カップをかければ完成です。

なめたけとベーコン、豆苗のパスタ

パスタ80gをゆでている間に、バター15gとにんにくのみじん切り1かけ分を炒め、香りが立ったらベーコンの細切り2枚分、なめたけ大さじ2、豆苗1／2袋分の茎を炒め合わせます。ゆで上がったパスタを加えてあえたら器へ。豆苗の葉をのせ、仕上げに熱々のゆで汁1／2カップをかけます。

最後に1/2カップの
パスタのゆで汁を

炒めずに
仕上げます

小ねぎと釜揚げしらすのパスタ

具材を炒めずに仕上げる方法もあります。ゆでたパスタ80gを器に盛ったら、釜揚げしらす30g、小ねぎの小口切り3本分、金いりごま大さじ2、オリーブオイル大さじ1をかけ、熱々のゆで汁1／2カップをかければ完成。

ツナと韓国のりの貝割れパスタ

油を使わないパスタです。フライパンでツナ小1缶（70g）を缶汁ごと、長ねぎのみじん切り1／3本分を炒め、ゆでたパスタ80gを投入。炒め合わせて器に盛ります。貝割れ大根1／2パックとちぎった韓国のり10枚をのせ、熱々のゆで汁を1／2カップかけて完成。

ツナ缶の缶汁を
オイルとして利用

48 簡単でおいしい**豆腐丼**のススメ

帰宅が遅くなったとき、忙しくて何もする気がしないとき、夜中に無性に小腹が空いたとき、おすすめなのが豆腐丼。ごはんに豆腐をのせただけの、火を使わない超簡単な丼です。

冷蔵庫にある野菜や、家にあるビン詰めや乾物など、合いそうなものをのっけていけば、あら不思議！　味も食感も見た目も楽しい、とびきりのひと皿になるのです。おまけにお腹にもやさしいので、夜遅くに食べてももたれません。

左は、ある日の豆腐丼を再現したもの。ごはんを盛った器に絹ごし豆腐200gをのせ、塩少々をふったら、削り節1パック、食べやすく切ったミニトマト4個、味つきメンマ10g、控えめにラー油をかけて、混ぜながら食べます。うどんやそばなどにかけるのもおすすめ。スルスル食べやすいので、豆腐は絹ごしがおすすめです。

お腹にやさしい
ヘルシー丼です

49 炊き込みごはんに**だし汁はいらない**

炊き込みごはんというとだし汁を入れるイメージがありますが、実は不要。旨みがよく出る具材を使えば、そこからだしが出るからです。さらに、塩けがある具材を入れれば調味料代わりに。食感、彩りに変化がつく具材も加えれば、確実においしくなります。

炊き方のポイントは3つ。まず、米は先に水だけで浸水させ、調味料は炊く直前に入れます。具材は米の中に混ぜ込まず、上にのせるのが炊きムラを作らないコツ。炊飯は、浸水をスキップする「早炊き」モードで行いましょう。

ここからは、おすすめの具材をご紹介。豚ひき肉150gはおろししょうが（またはP46の発酵しょうが）、しょうゆ・酒各大さじ1／2と混ぜておきます。米2合と水400㎖を30分浸水した炊飯器に、ごま油小さじ1と塩小さじ1／2を加え混ぜ、豚ひき肉、味つきザーサイ40g、ミニトマト10個を入れて炊飯します。

味が出る食材を使います

豚ひき肉、ザーサイ、
ミニトマトの
炊き込みごはん

食感が楽しい

切り干し大根とじゃこ、ひじきの炊き込みごはん

切り干し大根20gはハサミで2cm長さに切り、洗って水けをきり、水大さじ2をかけて戻しておきます。芽ひじき10gはたっぷりの水で戻して洗い、ざるに上げます。

炊飯器に米2合と水400mlを入れて30分浸水させたら、酒大さじ2、しょうゆ小さじ1、塩小さじ1/2を加えて混ぜ、切り干し大根、ひじき、ちりめんじゃこ30gをのせて炊きます。炊き上がったら仕上げに白いりごま大さじ1を混ぜ込んで完成です。

旨みたっぷり

大豆と桜えび、刻み昆布の炊き込みごはん

　刻み昆布10ｇは3カップの水で戻し、3～4㎝長さに切ります。炊飯器に米2合と水400㎖を入れて30分浸水させたら、みりん大さじ1と塩小さじ1を加えて混ぜ、蒸し大豆150ｇ、昆布、桜えび10ｇをのせて炊きます。

　この炊き込みごはんは、カルシウムと食物繊維がたっぷり！　ストックしやすい食材だけでできるのもうれしいところです。

味わい深い

わかめと梅干し、ツナの炊き込みごはん

米2合に水300㎖を加え、30分浸水させます。ツナ缶1缶（180g）はツナを取り出し、残った缶汁に水を足して100㎖にして炊飯器に加え、酒大さじ2、しょうゆ小さじ2、塩小さじ1／2も加えて混ぜます。ツナ、梅干し2個をのせて炊飯。炊けたら梅干しの種を取り除き、水で戻しておいたカットわかめ5gを加え混ぜます。

炊き込みごはんは、主菜や副菜を兼ねた、とても便利な一品。汁ものを添えるだけで献立として成立し、栄養バランスがとりやすく、炊飯器ならおまかせも可能。レパートリーが広がれば、確実に食卓が充実しますよ。

IDEA

保存するときはラップでクシャッと包む

食べきれなかった炊き込みごはんは、冷凍保存がおすすめ。1食分（約150g）ずつに分けて、ラップに包みます。ポイントは、ぴっちりと包まないこと。解凍したときにカチカチのかたいままになる部分が出てしまうからです。

包むときはクシャッと蒸気を抱き込むように包み、さらに保存袋に入れてください。

解凍するときは、クシャッとした側を下にして電子レンジに入れ、600Wで2分30秒〜3分が加熱時間の目安。

これで冷凍ごはんでも炊きたてのように、しっとり、ふっくら！　そのまま食べても、おにぎりにしてもおいしいですよ。白いごはんを冷凍するときも、この方法がおすすめです。

50

オーバーナイトオーツは簡単でヘルシー

オーバーナイトオーツとは、オートミールを牛乳や豆乳などの水分に浸して冷蔵庫にひと晩おいたもの。夜のうちに準備すれば、朝にはちょうど食べごろになります。オートミールは水溶性食物繊維と不溶性食物繊維が豊富で、低糖質。ビタミンやミネラルも多いので、私もときどき、朝食用に準備しておきます。

私がよく作るのは、ヨーグルトとベリーのもの。インスタントオーツ30gに、はちみつ小さじ1を混ぜた無糖のプレーンヨーグルト100gをかけ、冷凍ミックスベリー50g、刻んだくるみ20gをのせてラップをし、冷蔵庫に入れてオーバーナイトさせます。

もうひとつは、豆乳と梅干しの和風味。インスタントオーツ30gに豆乳200㎖、塩少々をかけ、削り節1パック、梅干し小1個をのせたら、ラップをして冷蔵庫に入れてオーバーナイト。食べるときに、小ねぎの小口切りと刻みのりをのせて完成です。

ひと晩冷蔵庫に
置くと食べごろに！

ヨーグルトとはちみつを
混ぜてかけて

豆乳を注いで

まるで
お茶漬けみたい

おまけ

お菓子や飲みもの

51

ポテチはレンジ加熱で揚げたてのおいしさに

揚げたてのポテトチップスを、好きなときに食べられたら……と思ったことはありませんか？　実は、そのつど家で揚げなくても簡単に再現できる方法があります。それが、電子レンジ！

耐熱皿にペーパータオルを敷き、重ならないようにポテトチップスを少量のせたら、ラップはせずに６００Ｗで20〜30秒。

市販のポテトチップスはもともとパリパリしているので、食感が劇的に変わるわけではありませんが、揚げ立てに限りなく近い温度と香りになるのがいいのです。

青のり粉、黒こしょう、七味や一味唐辛子など、お好みのスパイスをパラリとかければフレーバーも思いのまま。これだけでビールがすすむというものです。

長く加熱すると発火のおそれもあるので、「少量ずつ」「20〜30秒」という2点には気をつけてください。

レンチン20〜30秒！

ビールの
お供に最高

POTATO CHIPS —— POTATO SALAD

IDEA

ポテチを使えば・・・ポテサラも簡単にできます

じゃがいもをゆでて作るポテサラも、ポテトチップスを使えば簡単です。

玉ねぎ1／2個は薄切りにし、水にさらしてしっかり水けを拭いておきます。きゅうり1本は薄切りに。大きめのボウルに缶汁をきった（油分が多くなるのできります）ツナ缶1缶を入れてほぐし、レモン汁大さじ1、こしょう適量、マヨネーズ大さじ4を加えて混ぜます。よく混ざったら、玉ねぎときゅうり、ポテトチップス100gを加えて大きくあえてください。

パリパリが残る作りたても、時間が経ってマッシュしたじゃがいものようになった食感もおいしい。食べていると、改めて「ポテチはじゃがいもなのね～」と実感します。

52 インスタントラーメンは〝のりしゃぶ〟すると名店の味

インスタントラーメンを食べるとき、私は必ず焼きのりを数枚お皿に用意します。ラーメンができたら、しゃぶしゃぶのようにスープに2〜3回くぐらせてから、パクッ！　めんをすすっては、のりをしゃぶしゃぶ、またまためんをすすっては、のりをしゃぶしゃぶ。これを繰り返しながら食べるのです。

のりには水溶性食物繊維が含まれているので、栄養をプラスするという意味もあるのですが、本当の理由はそれではありません。のりの磯の香りと旨みが加わると、インスタントラーメンがたちまち名店の味になるからです。魚介系ラーメンが好きな方は、ぜひトライしてみてください。メンマと刻みねぎをのせると、さらにそれらしくなります。

のりをさっとくぐらせて

53

コーヒーは**水出し**がおいしい

コーヒーをいれると、えぐみや酸味といったいわゆる「雑味」が出るのが気になって、あまり好きになれませんでした。ところが、水出しのコーヒーを飲んでみたら、おいしい！　お湯でいれるより時間はかかりますが、豆に含まれる油分があまり出ないので、雑味が少ないスッキリした味わいになるようです。

私は専用のドリッパーを使っていますが、なければ氷で出してもＯＫ。まず、フィルターにコーヒーの粉10gを入れ、水大さじ2を加えてふやかしたら、その上に氷１５０gをのせて待つこと4時間。そのままでもおいしいし、温かいコーヒーが飲みたいときは、温めれば十分においしくいただけます。

実は、紅茶や緑茶も水出しがおすすめ。リーズナブルな茶葉も、低温で7～8時間かけて出すことで驚くほどおいしくなります。どちらも、水１ℓに対し10gほどが適量です。

「イワキ」の水出し専用のコーヒーサーバーを使用。

54

緑茶は**抹茶がいい**

普段から、緑茶は抹茶でいただくことが多くなりました。まったりと心地よく広がる旨み、美しい緑色も好きなのですが、実用的な面でも断然抹茶に軍配が上がります。

まずは茶殻が出ないので、エコ。そして急須がいらないので洗いものが減る。さらに、淹れるのも実は簡単で、淹れ方による味の差もほぼありません。緑茶をおいしく淹れようとすると、急須と茶碗、湯の温度管理、茶葉を蒸らす時間など、その都度かなり細かいケアが必要ですが、抹茶なら湯と抹茶の分量、点て方を一度覚えてしまえば後はラクだからです。

撮影や打ち合わせがあるときは、抹茶を点てて、ちょっとしたお菓子と一緒にお出ししています。流れる空気がおだやかになるのも、抹茶ならではかな?と思っています。

抹茶は一保堂茶舗の「雲門の昔」を使用。

55

ぬれ煎餅は**焼く**

焼きたてのお煎餅をしょうゆだれにつけた、千葉県発祥のぬれ煎餅。お煎餅なのにパリパリしていなくてしっとり、ちょっともちもちっとした食感は、苦手な方もいますが、私は昔から大好きです。噛めば噛むほど、しゅうゆの旨みがじわっとしみ出してくるのを楽しみます。

そのまま食べてもおいしいのですが、おすすめは弱火で焼く食べ方。熱した網にのせ、何度か返しながら、ゆっくり、ゆっくり。するとしょうゆの香りが立ち、なんともいえない香ばしい香りが漂います。しょうゆを焼いた香りって、嫌いな人はいないんじゃないかしら。これにマヨネーズをつけたら、止まらなくなります。ちなみに、食感はそれほど変わらないのであしからず。網がない場合は、オーブントースターでも焼けます。低めの温度でこんがりするまで焼いてください。

56 純米酒＋シャインマスカットで吟醸酒

スパークリングワインやジン、焼酎など、お酒にフルーツを合わせることはよくあります。フルーツの酸味や甘み、香りがお酒の味を引き立て、そこから広がるフレーバーを楽しむためですね。それと似ていますが、また違った目的で、私は日本酒にシャインマスカットを入れていただきます。それも、純米酒の熱燗限定で。

まず、おちょこに縦半分に切ったシャインマスカットを入れます。そこへ熱めに燗をつけた純米酒を注ぎ、ぐいっとひと口。するとどうでしょう。まるで大吟醸酒のような香りがするではありませんか！

この飲み方を発見したときは得意満面。普通の純米酒と大吟醸ではお値段がかなり違いますから、とても得した気分です。もちろん、おちょこに残った日本酒味のシャインマスカットもおいしくいただけます。

57

アイスクリームには
バルサミコ酢＋はちみつ

子どものころ、バニラアイスに少しの湯で溶いたインスタントコーヒーをかけて食べるのが好きでした。まだ、日本ではアフォガートが知られていなかった時代ですから、なぜそうやって食べようと思ったのか記憶は定かではありません。でも、濃厚なミルク味とほろ苦いコーヒーの組み合わせが、とてもおいしく感じたのだと思います。

今は、バルサミコ酢をかけるのが好きです。バルサミコ酢大さじ1にはちみつ小さじ1程度を混ぜてから、バニラアイスにかけます。甘みとコクがより際立ち、ほのかな酸味で後味はきれい。バルサミコ酢特有の華やかな香りも立ちます。いいバルサミコ酢はもったいないので、リーズナブルなもので十分です。

58 甘くてねっとりしたフルーツには塩

どうも私は、単調な甘さが続くと飽きてしまうようです。マンゴーやメロン、いちじく、柿など、甘さが濃厚でねっとりしたフルーツには、塩味をきかせたくなります。すると甘みがキリッと引き締まり、ずっとおいしく食べられるようになるのです。

おすすめは、塩麹。塩けだけでなく、ほんのりした麹の甘みが加わることで、フルーツの甘みに奥行きが出ます。さらに、旨みも加わり、手をかけた上品なデザートのようにもなります。

もうひとつのおすすめは、塩＋柑橘。すだち、ゆず、かぼす、レモンなど、季節の爽やかな酸味をキュッと搾ると、フルーツの甘い香りが、より華やかに際立ちます。

塩麹、塩＋柑橘、どちらを使うかはお好みで。量はどちらもほんの少々でＯＫです。甘いものが好きな方にも、苦手な方にも、気に入っていただけると思います。

柿に塩麹

マンゴーに塩とすだち

59

さつまいもは**蒸しゆで**で石焼きいも風に

甘みが濃厚なさつまいもは、蒸すだけでもスイーツになりますよね。さつまいもの甘みを引き出すには、60～70度前後の温度帯でじっくり、ゆっくり加熱するのがコツです。石焼きいもがおいしいのは、この温度帯での加熱ができるから。その点からすると、電子レンジ加熱はNG。簡単ですが、一気に高温になるので甘みを十分引き出せず、しかもパサパサになってしまいやすいのです。

家庭でも石焼きいものような甘みを引き出すには、少ない湯で蒸しゆでするのがおすすめ。

まず、さつまいもを2枚重ねたペーパータオルで包み、さらにアルミホイルで包みます。これは、ゆでている間に水が入るのを防ぐためなので、しっかり包んでください。

まず、ペーパータオルと
アルミホイルで包みます

水は鍋底から2cmほど

少ない水で60〜90分ほど蒸しゆで

続いて厚手の鍋に入れ、水を深さ2㎝ほどまで加えます。ふたをして火にかけ、煮立ったら中火にして60〜90分。これで、甘くてしっとりとした仕上がりになります。途中、水がなくなりそうになったら湯を足してくださいね。

バターで焼くと、さらにおいしい

蒸しゆでしたいもを縦半分に切り、バター適量を熱したフライパンに皮を上にして投入。こんがり焼けたら返し、グラニュー糖適量をふります。さらに返してグラニュー糖ごと焼き、グラニュー糖が溶けたら完成。舌にねっとりとからむ、極上のスイーツになります。

バターで焼きます

焼き色がついたら返して

グラニュー糖を
パラパラと

もう一度返して

極上のスイーツに！

ちょっとの手間で
おいしい〜♪

○豆・大豆加工品・卵

○乳製品

○ごはん・めん・ほか

○市販品・お菓子・飲みもの

○調味料・ほか

※本文の中で紹介した料理に使われている食材も含みます。

索引

藤井 恵（ふじい・めぐみ）

料理研究家、管理栄養士

1966年、神奈川県生まれ。女子栄養大学栄養学部卒業。在学中からテレビ番組の料理アシスタントを務め、出産を機に専業主婦となった時期を経て、料理研究家の道へ。自らの経験にもとづく料理の数々は、そのおいしさと、誰でも作りやすい再現性の高さで話題に。健康や栄養の知識を生かしたレシピにも定評があり、テレビや雑誌など多くのメディアで活躍中。『藤井恵 わたしの家庭料理』（オレンジページ）、『藤井弁当―お弁当はワンパターンでいい！』（Gakken）、『THE 藤井定食』（ワン・パブリッシング）、『からだ整えおにぎりとみそ汁』（主婦と生活社）、『働きながら家族のごはんを作るために――わたしが伝えたい12の話』（大和書房）など著書多数。

レシピ未満のおいしい食べ方

2025年 3月11日　第 1 刷発行
2025年 8月 5日　第 4 刷発行

著　者――藤井恵
発行所――ダイヤモンド社
　　　　〒150-8409　東京都渋谷区神宮前6-12-17
　　　　https://www.diamond.co.jp/
　　　　電話／03・5778・7233（編集）
　　　　　　　03・5778・7240（販売）

装丁・デザイン――高橋朱里（マルサンカク）
DTP――――藤原政則（アイハブ）
撮影――――福尾美雪
スタイリング――大畑純子
調理アシスタント――西原佳江、泉澤友子、中屋優花
撮影協力――UTUWA
編集協力――諸井まみ、植田裕子
校正――――聚珍社
製作進行――ダイヤモンド・グラフィック社
印刷――――勇進印刷
製本――――ブックアート
編集担当――長久恵理

ⓒ2025 藤井恵
ISBN 978-4-478-12164-1
落丁・乱丁本はお手数ですが小社営業局宛にお送りください。送料小社負担にてお取替えいたします。但し、古書店で購入されたものについてはお取替えできません。
無断転載・複製を禁ず
Printed in Japan